Q.

미래를 위한 독서법

도마노 잇토쿠 지음
하성호 옮김

미래를
위한
독서법

왜 책을
읽어야 할까?

북스토리

CONTENTS

들어가며 • 6

첫 번째 이야기
독서의 효용

거미줄에 전류 흘리기 • 13

도구로서의 지식 • 17

"공부하는 법을 알겠다"(?) • 20

경계를 돌파한다 •26

독서 또한 하나의 '경험 ' • 32

말을 비축하고 나눈다 • 38

인터넷으로는 안 되나? • 42

'구조'를 파악한다 • 50

시민으로서의 독서 • 54

두 번째 이야기
독서의 방법

'그물 낚시법'에서 '외줄 낚시법'으로 • 63

독서 모임을 열어보자 • 68

책 선생님을 적극적으로 활용한다 • 70

지식은 눈사람처럼 불어난다 • 74

속독의 문제 • 77

문학과의 만남 • 79

독서를 습관으로 만든다 • 82

'신념 보강형 독서'와 '신념 검증형 독서' • 84

욕망 · 관심 상관성의 원리 • 88

세 번째 이야기
요약문(독서 노트) 만드는 법

한 권 전체를 요약문으로 만든다 • 97

요약문은 책을 다 읽고 나서 만든다 • 101

전자책이나 전자 종이를 활용한다 • 108

나가며 • 114

"독서는 우리를 구글 맵으로 만든다."

전 대학교에서 학생들에게 곧잘 저런 소리를 합니다.

특히 젊은 시절에는 자신이 대체 어떤 사람인지, 무엇이 될 수 있는지, 어떻게 살고 싶은지 잘 모르는 법이지요. 말하자면 늘어선 고층 빌딩 속에서 길을 잃고 이리 갔다 저리 갔다 되풀이하는 것과 비슷한 상태입니다.

물론 지도가 없는 여행은, 또 그 나름대로 즐거운 법이고 젊기에 누릴 수 있는 특권이기도 합니다.

하지만 계속 지도 없이 여행하다 보면 우리는 어느새 숨을 헐떡이게 되고 맙니다.

그럴 때는 속는 셈 치고 무조건 독서 경험을 많이 쌓아보시라, 이렇게 학생들에게 이야기합니다. 그러면 어느 순간 갑자기 자신이 구글 맵이 되어 수많은 마천루를 바로 위에서 굽어보게 되고, 복잡한 미로의 전체상이 보이기 시작한다면서요. 그리고 어느 길을 어떻게 지나면 자신이 원하는 지점에 도달할 수 있는가, 웃음이 날 정도로 잘 보이기 시작한다고 말입니다. 그것은 흡사 인공위성에서 지구를 굽어보는 구글 맵이 된 듯한 광경일 것입니다.

혹은 이렇게 말할 때도 있지요.

같은 엑스레이 사진이라도 우리가 볼 때랑 의사가 볼 때가 전혀 다르듯이, 많은 양의 독서 경험을 쌓으면 세계가 완전히 다르게 보인다고요.

교양을 쌓는다는 것은 그런 일입니다.

흔히 '교양'이라고 하면 실생활에는 크게 도움이 되지 않지만 알고 있으면 좀 멋있어 보이는 많은 지식, 그런 이미

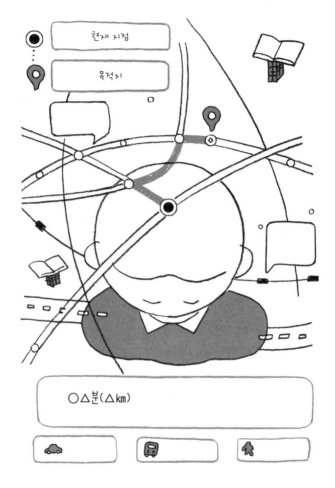

현재 지점

목적지

○△분(△km)

자신이 구글 맵이 된다.

지가 있을지도 모릅니다.

하지만 철학—사물의 '본질'을 깊이 생각하여 통찰하는 학문—의 세계에서는 많은 경우, 이런 말은 우리가 보다 '자유롭게 살기 위한 지혜나 지식'을 의미합니다. 독일어로 빌둥(Bildung)이, 일반적으로 '교양'이라 번역되는 말인데 이 말에는 우리를 보다 자유롭게 해줄 정신적, 인격적 성장을 가져다주는 것이라는 의미가 담겨 있습니다. 나아가 그것을 통해 이 사회 또한 보다 자유롭고 행복하게 될 것이라는 의미도요.

이 책에서 저는 독서에 의해 세계가 완전히 달라 보인다는 것이 어떤 일인지, 어떻게 하면 구글 맵이 될 수 있는지를 말씀드리고자 합니다. 늘 대학생을 상대로 이야기를 하고 있지만, 이 책을 손에 쥔 여러분이라면 중학생이든 고등학생이든(혹시나 초등학생이라 해도) 분명히 흥미를 갖고 읽을 수 있으리라고 생각합니다. 그리고 무척 도움이 될 것이 틀림없다고도요.

"선생님, 요새 저 구글 맵이 되기 시작했어요!"

그런 이야기를 해주는 대학생이 한 해에 몇 명쯤 있습니다.

독자 여러분 중에서도 저런 이야기를 들려줄 젊은 친구가 나타나기를, 저는 무척 고대하고 있습니다.

첫 번째 이야기

독서의 효용

거미줄에 전류 흘리기

제1장에서는 먼저 독서의 효용, 즉 독서를 하면 어떤 좋은 점이 있는지에 대해 말씀드리고자 합니다.

구글 맵이나 엑스레이 비유에 더해, 저는 곧잘 거미줄에 전류 흘리기라는 비유에 대해서도 말씀드리고는 하지요.

거미줄에 전류 흘리기?

생소한 말이라고 생각하시겠지만 글자 그대로 머릿속에 '교양'의 웹, 즉 거미줄 모양의 지식 네트워크를 둘러치고 거기에 '영감'의 전류를 흘려보내는 일입니다.

살다 보면 끊임없이 시련이 닥칩니다. 인간관계가 잘 풀리지 않거나, 돈이 없거나, 실연을 당하거나, 성적이 제대로 오르지 않거나, 우울증에 빠지거나, 사랑하는 사람이 죽거나……

하지만 그렇게 고뇌하더라도 만약 우리 머릿속에 '교양'이 거미줄처럼 쳐져 있다면, 어느 순간 갑자기 그 네트워크에 한 줄기 전류가 용솟음쳐 온갖 지혜며 지식, 사고가 하나로 정리되어 인생의 난제를 해결하기 위한 최적의 답이 발견되는 경우가 있다는 말이지요.

그렇구나, 지금 나는 이런 식으로 문제를 해결하면 되겠구나! 이런 행동을 취하면 되겠구나! 그런 답이 느닷없이 번득이는 것입니다.

"어떤 벽에 부딪쳐도 나는 분명히 극복할 수 있어."

'교양의 거미줄'을 손에 넣을 수만 있다면 우리는 분명히 그러한 나 또한 손에 넣을 수 있습니다.

'교양의 거미줄'이 살아가면서 고난을 맞닥뜨렸을 때만

도움이 되는 건 아닙니다.

저 같은 학자는 매일, 제게 있어선 무슨 일이 있어도 풀어야만 하는 절실한 문제와 격투를 벌이고 있습니다.

예를 들어 저는, 철학자로서 '좋은 교육이란 무엇인가, 어떻게 하면 실현할 수 있을까'라든지 '좋은 사회란 무엇인가, 어떻게 하면 실현할 수 있을까' 같은 문제를 중심으로, '자유란 무엇인가' '행복이란 무엇인가' '사랑이란 무엇인가' 같은 주제와 지금까지 씨름을 해왔습니다.

이것들은 정말 어려운 물음이지요. 하지만 교양의 거미줄이 머릿속에 둘러져 있다면 역시 어느 순간, 갑자기 전류가 흐르면서 무엇을 어떻게 생각하면 이 문제를 풀 수 있는지, 마치 눈앞 스크린에 답이 떠오르는 것처럼 보이기 시작할 때가 있습니다.

물론 그것은 우연한 순간을 그저 수동적으로 기다리기만 하는 게 아닙니다. 거미줄 안에는 전류 버튼 또한 달려 있어서, "좋아, 슬슬 이 버튼을 누르면 답이 보이겠다" 싶은 타이밍을 살피며 저는 늘 대기하고 있는 것이지요.

바둑이나 장기에서 일류 기사로 꼽히는 사람들은 대국

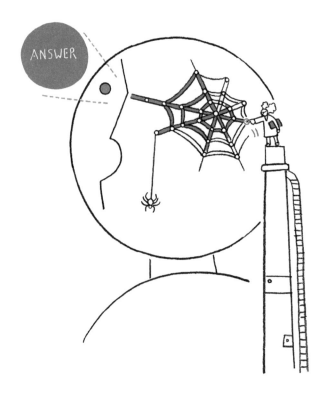

거미줄에 전류 흘리기

중, 다음에 둘 최선의 한 수가 순간적으로 번득일 때가 왕왕 있다고 하지요. 수학이나 물리학 등의 천재적인 연구자도 문제를 본 순간 그것을 어떻게 풀어야 할지 알게 되는 경우가 곧잘 있다고들 합니다.

이는 프로페셔널들의 방대한 학습 경험에 기반을 두고 있습니다. 인간의 지성이나 마음의 작용을 연구하는 인지과학에, '지식의 청크화'라는 말이 있습니다. 그것이 어떤 장르이건, 숙달된 이는 방대한 지식을 덩어리(chunk)처럼 뇌 속에 잔뜩 쌓아놓고 필요에 따라 그것들에 순간적으로 접속할 수 있다는 점이 밝혀졌습니다. 그야말로 거미줄에 전류가 통하듯이요.

독서에서도 똑같은 일이 일어납니다. 일정량 이상 의미 있는 독서 경험을 쌓은 사람이라면 아마 누구나 '거미줄에 전류 흘리기'를 경험한 적이 있을 터입니다.

도구로서의 지식

여기서 중요한 점은, 무턱대고 지식을 쌓기만 하는 게

아니라 거미줄, 즉 지식의 네트워크를 엮는 일입니다. 필요할 때 전원 버튼을 누르면 전류가 흘러서 한 갈래 줄거리가 보이는 거죠. 그런 네트워크를 종횡무진 둘러친다는 이야기입니다.

아무리 지식을 머리에 쌓아놓아도, 그것들이 서로 연결되어 네트워크를 이루지 못하면 별 의미가 없습니다. 인지과학자들에 따르면, 시험을 치기 위해서만 기억한 지식은 시험이 끝나면 90퍼센트 정도 잊고 만다는군요.

인지과학자들의 말이 아니더라도, 여러분 또한 분명 실감이 갈 것입니다. 그것은 바로, 배웠던 것들이 자기에게 의미 있는 지식으로 네트워크화가 되지 못했기 때문입니다. 20세기 미국 철학자 존 듀이(1895~1952)는, 지식이란 미래 '도구적'인 것이라고 말했습니다. 즉, 지식이란 우리가 겪는 현실 생활에서 어떤 문제를 해결하거나 욕구를 채우기 위한 것이라는 소리죠.

듣고 보니 당연한 이야기입니다. 그래도 우리는 종종 지식은 그저 많으면 많을수록 대단하다는 착각에 빠지기 일쑤입니다.

시험에 대비해 교과서를 통째로 암기해버릴 수 있는 사람이 있다면, 그야 대단하기는 하지요. 하지만 그것이 시험 외의 실생활에서도 정말로 '쓸모 있는' 지식이 아니라면, 무엇을 위한 지식인지를 알 수가 없습니다. 서바이벌 도구를 늘 배낭에 가득 쟁이고 다니면서도 막상 무인도에 표류했을 때 그것들을 제대로 쓸 줄 몰라서 쩔쩔 맨다면야, 결국 별 의미가 없다는 얘기입니다.

여러 가지 지식을 자기에게 의미가 있는 것으로 네트워크화하기 위해 중요한 것은, 우리 자신의 흥미나 문제의식입니다. 물론 시험에 대한 관심도 지식을 획득하기 위한 유력한 동기 중 하나이기는 합니다. 하지만 그것이 오래 지속되지 않는 것은 아까 말했던 바와 같습니다.

기타를 잘 치고 싶은 사람은 유명한 기타리스트들의 연주를 주의 깊게 듣고 동영상을 되풀이해서 시청하겠지요. 기타 잡지를 읽거나 좋아하는 기타리스트에 대한 기사를 읽기도 할 테고요.

그 과정에서 여러분은, 자신도 모르는 사이에 기타나 음악 지식이 잔뜩 쌓였다는 점을 깨닫게 될 것입니다. 나아가 예컨대 록의 역사를 통해 미국의 역사를 알거나, 빠르고 정확하게 기타를 치고 싶어서 인간의 신체 구조에 대한 지식을 얻거나, 기타를 너무 좋아한 나머지 목재에 대한 지식이 풍부해지는 일도 생길지 모릅니다. 기타나 음악에 대한 흥미를 중심으로 다양한 지식이 네트워크를 이루는 것이지요.

"공부하는 법을 알겠다"(?)

우리 학자들 또한 그렇게 자신의 흥미나 '무슨 수를 써서든 풀어야만 하는 절실한 문제'를 중심으로 지식을 네트워크화하고 있습니다.

저는 앞으로 '보다 자유롭고 행복한 인간 사회를 어떻게 구상할까' 하는 문제의식을 동력으로 삼아 철학을 계속 연구하고 있습니다. 바꾸어 말하자면, 이 문제의식을 중심으로 다양한 지식을 네트워크화하고 있습니다.

이를 위해서는 철학뿐 아니라, 역사학이나 경제학, 인류학, 사회학 등 다양한 학문 또한 공부해야만 합니다. 문제의식을 중심으로 한 공부(독서)에서, 학문의 울타리는 별상관이 없습니다.

이 점에 관해서 제 스승인 철학자 다케다 세이지(1947~) 선생님의 에피소드를 잠깐 소개할까 합니다.

2017년, 다케다 선생님은 철학 2,500년 역사를 전체적으로 살펴본 후, 그곳의 맨 앞을 개척할 만한 대작 『욕망론』 제1권, 제2권을 출판했습니다. 현재 제3권을 준비하면서, 영어로 번역하는 프로젝트도 조금씩 진행되고 있습니다. 전 세계의 철학자들이 읽게 되면 이 책이 현재 철학을 최전선까지 밀어붙였음을 분명히 이해해주리라 생각합니다.

철학은 오랜 세월, 전쟁을 어떻게 하면 없앨 수 있는가, 좋은 사회란 어떤 사회인가 같은 테마를 탐구하고 실제로 인간 사회를 있는 힘껏 구상해왔습니다(현대 민주주의 사회를 생각해낸 것도 철학자들이지요). 하지만 지금, 그러한 철학은 유감스럽게도 죽어가고 있습니다. 세세하게 분야가 전문화되거나, "확실한 것은 아무것도 없다" 같은 상대주의에 삼켜지는 등, 사람이나 사회의 미래를 있는 힘껏 구상하는 힘을 잃어버린 것이지요.

하지만 이 책을 통해서 앞으로의 인간이나 사회의 희망을 개척하기 위해 철학이 여전히 얼마나 큰 가능성을 갖고 있는지 또한, 충분한 이해를 얻을 것이라고 생각합니다.

다케다 선생님이 이 책을 집필하던 시절 제게 이런 말씀을 하신 적이 있었습니다.

"잇토쿠, 나는 이제야 공부하는 법을 알겠다."

"네에? 뭔가 이중 삼중으로 핀잔을 드리고 싶은데…… 뭐, 일단 말씀이나 들어보지요."

"철학, 경제학, 사회학, 인류학, 역사학, 기타 등등 아무튼 전부 읽는 거야."

"저기요, 선생님, 그건 선생님이 젊은 시절부터 계속 해오셨던 일이잖아요. 아니, 그전에 연세가 일흔이 다 돼서 이제야 공부하는 법을 알겠다는 게 대체……."

뭐 이런 식으로 핀잔을 주면서도 저는, 역시 이 사람은 대단한 천재구나 하고 새삼 생각했습니다. 몇 살이 되어서도 배움을 결코 멈추지 않고, 마치 아기처럼 배우는 기쁨을 잊지 않는 사람이라고요.

다케다 선생님 곁에는 "무슨 수를 써서라도 풀어야만 하는 절실한 문제"를 끌어안은 젊은 철학도들이 몇 명씩 모여 있습니다. 철학으로 먹고살기란 정말 어려운 일이니, 젊은 시절의 저도 그랬지만 다들 장래에 대한 커다란 불안을 안고 있지요. 그래도 철학을 하지 않고는 견딜 수 없는 사람들이 몇 사람이나 모여서 매일 함께 공부하며 토론을 나누고 있습니다.

다케다 선생님은 그런 제자들에게, 우선 방대한 양의 철학서를 읽고 상세한 요약문을 만들어 다케다 세이지와 토론한다는 수행을 부과했습니다. 고대 그리스의 철학자 플라톤(기원전 427~기원전 347)으로부터 최신 현대 철학까지, 주요 철학서는 거의 전부 "밥 먹듯이 읽는" 것이 다케다 선생님 제자들의 일상입니다.

그런 나날을 계속 보내는 가운데, 제자들은 어느새 머릿속에 '교양의 거미줄'이 둘러쳐져 있음을 깨닫습니다. 그리고 그것을 의지하여 "무슨 수를 써서라도 풀어야만 하는 절실한 문제"를 제대로 해명할 수 있다는 확신을 붙들어 나가는 것입니다.

아까도 말했다시피 다케다 선생님에게도, 우리 제자들 대다수에게도 앞으로 보다 자유롭고 행복한 인간 사회를 어떻게 구상하는가 하는 문제의식이 있습니다.

그것을 위해서는 철학만이 아니라 온갖 학문을 공부해야만 합니다. 처음 공부하는 학문 분야에 대해서는 그리 쉽게 이해할 수 없으니, 먼저 신뢰할 수 있는 입문서 등을

제자도 놀라게 만든 "유레카!"

잔뜩 읽는 데서 출발하기도 합니다. 이어서 각 분야에서 고전적인 명저라 불리는 책부터 정평이 난 현대의 연구자의 저작까지 가능한 데까지 읽어나가도록 합니다. 경제학이나 사회학 등, 다른 영역의 전문가와 함께하는 연구회도 빈번히 개최하고 있습니다.

그런 고로, "철학, 경제학, 사회학, 인류학, 역사학, 기타 등등, 아무튼 전부 읽는 거지"라는 다케다 선생님의 말은 다케다 선생님의 제자 모두에게 공유되고 있는 공부법입니다.

그럼에도 불구하고, 나이 일흔이 되어 "나는 이제야 공부하는 법을 알겠다"라니, 이게 대체 무슨 말일까요?

아마 이것은 공부하는 법을 알았다기보다, 지금까지의 공부를 통해 엮어왔던 머릿속 '교양의 거미줄'에 그야말로 강렬한 전류가 흘렀다는 말이 아닐까, 하고 저는 생각합니다. 철학의 최첨단을 개척하며 사람과 사회의 미래에 진정한 의미에서 자산이 될 수 있는 철학을 되살리기 위한 길이 보였다, 그 말이지요.

"유레카(알았다)"

그런 전류가 다케다 선생님의 머릿속에서 또렷하게 빛났던 것이 틀림없습니다.

경계를 돌파한다

전문 분야를 초월한다는 이야기로 치자면, 다케다 선생님과도 친했던 사회학의 거두이자 저도 무척 존경하는 미타 무네스케 선생님(1937~)이 이런 말씀을 하셨습니다.

근대의 지식 시스템은 전문 분화주의라서 여기저기에 '출입금지' 팻말이 서 있지요. "그건 ○○학의 주제가 아니잖아. 그런 걸 하고 싶으면 다른 데 가야지" "××학의 전문가도 아닌 사람이 쓸데없이 참견하지 마라" 등등. 학문의 출입금지 팻말이 곳곳에 세워져 있어요. 하지만 이 출입금지 팻말 앞에서 멈춰 선다면 현대 사회의 중요한 문제들은 풀 수가 없습니다. 그 때문에 정말 중요한 문제, 자기에게 혹은 현재의 인류에게 절실하고 실제적인 문제를 끝없이 추구하고자 하는 인간은, 어쩔 수 없이 경계를 돌파하는 법

이지요.(『사회학 입문—인간과 사회의 미래』 8p)

어쩔 수 없이 경계를 돌파한다, 확 와 닿는 말입니다.

좁은 전문 분야 속에서, 그것을 한결같이 파고드는 것도 물론 멋진 일입니다. 하지만 그것만 계속하고 있으면 언젠가 한계에 부딪칠 수도 있지 않을까, 저는 그런 생각이 드네요.

그것은 말하자면, 작은 가지 끝에 마치 고치처럼 촘촘하고 정교한 거미줄을 치는 일 같기 때문입니다.

그 고치에 다가오는 벌레(지식)는 확실하게 붙잡을 수 있을지도 모릅니다. 하지만 그 거미줄 주위에 실은 더 많은, 그리고 더욱 다양한 벌레들이 날아다니고 있지요. 그 많은 벌레들 역시, 되도록이면 일망타진하고 싶다는 게 제 생각입니다. 그렇게 하면 우리 머릿속 거미줄에 보다 강력한 전류가 흐르게 될 것이 분명하니까요.

2010년에 〈축의 시대 Ⅰ/축의 시대 Ⅱ 어떻게 미래를 구상할 수 있는가〉라는, 이제는 전설이 된 심포지엄이 도쿄 대학에서 개최된 적이 있습니다. 제 스승 다케다 세이지 선생님이 단상에 설 예정이기도 해서, 당시 대학원생이었던 저도 참가했지요.

이때 기조 강연을 하셨던 분이 미타 무네스케 선생님이었습니다. 회장에 다 들어가지 못할 정도로 사람이 모였기 때문에 몇 군데 강의실에서 중계가 되기도 했던 걸로 기억하고 있습니다.

충격적인 강연이었습니다. 기조 강연은 한 시간 예정이었는데 미타 선생님이 30분이 지나고 40분이 지나도 전혀 이야기를 끝낼 조짐을 보이지 않았던 것이죠. 스태프가 "종료입니다"라고 쓴 패널을 회장 뒤에서 몇 번이나 보여줬는데도 전혀 개의치 않고 거침없이 이야기를 계속합니다. 심지어 "아참 그렇지, 이것도 재미있는 이야기인데요" 하며 차례차례 탈선까지 하는 것입니다.

결국 준비된 발표문의 절반도 마치지 못한 채, 강연은 시간이 상당히 연장되고서야 끝났습니다.

하지만 거기 있던 사람 대다수는 이 지연된 강연을 오히려 기뻐하지 않았을까 싶네요. 차례차례 펼쳐지는 미타 선생님의 이야기는, 마치 미타 선생님의 머릿속 '거미줄'을 보여주는 것 같았기 때문이지요.

아아, 이 석학은 이런 지식과 사고의 우주를 머릿속에 갖고 있구나. 이때 저는 마치 저도 그 우주 속에 초대받은 듯한 기쁨을 느꼈습니다.

사회학자 이야기가 나온 김에, 오랫동안 연구회 등지에도 불러주셨던 또 다른 어느 저명한 사회학자 분의 기절초풍할 에피소드도 소개하고 싶네요.

미타 선생님에 버금가는 초(超)석학인 이분은, 한번 읽은 책은 대부분 기억해버릴 만큼 뛰어난 기억력의 소유자인데 두꺼운 과제 문헌을 읽어 와서 토론하는 연구회 때도 책을 펼쳐 보지 않고도 그 내용이나 문장에 대해 술술 말씀하십니다. 나아가 그 책에 대해 우리가 어떤 질문을 던지건 순식간에 막힘없이, 거침없고 매끄럽게 답하시죠. 들리는 이야기로는 구술필기로 책을 쓸 때도 "~~~여기서 반점(쉼표), ~~~반점, ~~~온점(마침표)" 하며, 한 권 분량을 이미 완성된 문장으로 말씀하셔서 필자 분은 그냥 타자만

치면 된다나요.

　기절초풍이라고 할까, 동료 연구자들과 너무 놀란 나머지 웃음을 터뜨리고 만 것은 어느 연구회에서 참가자 한 사람이 볼일이 있어 도중에 자리를 떠나게 됐을 때 일어난 일이었습니다.

　연구회가 열리던 도쿄 한 동네에서 가나가와현에 있는 어느 역까지 갈 필요가 있었던 그 사람에게, 그 사회학자 분은 역시 조금도 막힘없이 이렇게 말씀하셨던 것입니다.

　"그 역이라면 여기서 ○○선을 타고 ㅁㅁ역에 간 뒤, 거기서 △△선으로 갈아타고 ××역에 가서 거기서 ◎◎선으로 갈아탄 뒤 ■■역에 가고, 거기서……."

　저도 모르게 몇 명과 얼굴을 마주 보고 웃고 말았습니다. 이 사람은 온갖 학문에 정통할 뿐만 아니라 수도권 전철 노선도까지 머릿속에 들어 있구나! 하고요.

　다케다 선생님이나 미타 선생님, 그리고 이 초인적인 기억력의 소유자 이야기 등을 들으면, 나와 상대방의 차이에 압도되면서 도리어 공부(독서)할 의욕을 잃고 말지도 모릅니다. 나는 도저히 저렇게 될 수는 없다면서요.

그래도 부디 의기소침하지 말고 이 책을 끝까지 읽어주시면 기쁘겠습니다. 제 생각으로는 누구나 교양의 거미줄을 가질 수도 있고 구글 맵이 될 수도 있습니다. 중요한 것은 자신의 인생을 이끌어줄 지도를 손에 넣는 일이지, 천재 학자가 될 필요가 있는 것은 아니지요. 그리고 그런 지도라면 누구나 독서를 통해 손에 넣을 수 있을 것입니다. 이 책에서는 그것을 위한 독서법을 힘이 닿는 대로 전하고 싶습니다.

물론 만약 여러분 중에 다케다 선생님이나 미타 선생님 같은 천재 학자를 목표로 하는 분이 있다면, 이 책은 분명히 도움이 될 거라고 생각합니다. 다케다 선생님이나 미타 선생님 역시, 결국은 이 책에 쓰고자 하는 공부(독서)를 착실하게 계속해왔을 뿐이기 때문입니다. "기하학에 왕도란 없다." 유클리드(기원전 3세기경)가 한 말인데요, 학문에도 독서에도 왕도(쉽고 특별한 방법)는 없습니다. 반대로 말하면 이 책에 쓴 독서 방법을 착실하게, 그리고 즐기면서 계속하다 보면 누구나 구글 맵이 될 수 있을 것입니다.

독서 또한 하나의 '경험'

그런데 여기까지 읽고도 혹시 이런 생각을 하는 분이 계실지도 모르겠네요.

독서가 우리를 구글 맵으로 만들어준다는 건 알겠다. 그런데 말은 그렇지만 결국 어떤 독서건 '풍부한 경험'에는 당하지 못하는 것 아닌가? 책만 읽고 실제 체험이 부족한 사람이야 얼마든지 있지 않나?

확실히 옳은 말씀입니다. 스스로의 '경험'에서야말로, 우리는 많은 것을 배울 수 있지요. "책만 읽고 실제 체험이 부족한 사람이야 얼마든지 있지 않나?"라는 말은, 많은 독서가에게 타격을 주기에 충분한 말입니다.

앞에서도 잠깐 소개했던 존 듀이는 "경험 1온스는 이론 1톤을 능가한다"라는 유명한 말을 남겼습니다. 수영을 배우려면 아무래도 물속에 뛰어들 수밖에 없지요. 수영 이론서만 읽는다고 헤엄을 칠 수 있게 되는 것은 아니니까요.

하지만 그런 한편 이런 말도 할 수 있겠지요. 독서 또한 하나의 '경험'이라고 말입니다. 그리고 그것은 우리의 직접적인 경험을 넓혀주는 면에서, 더없이 '풍부한 경험'이라고 해야겠지요.

우리가 직접 경험할 수 있는 일은, 유감스럽지만 극히 일부분에 지나지 않습니다. 우리는 태어난 나라나 지역, 처한 환경에 따라 경험이든 사고든, 많거나 적거나 한정된 채 태어납니다. 아무리 전 세계를 돌아다니는 사람이라 해도 이 세계의 모든 것을 보고 들을 수는 없습니다.

하지만 만약 원한다면, 우리는 그런 직접 경험의 세계를 독서를 통해 넓힐 수 있지요.

분명히 수영 이론서만 읽는다고 헤엄을 칠 수 있게 되지는 않습니다. 하지만 만약 우리가 보다 빠르게, 보다 능숙하게 헤엄을 치고 싶다면 그 이론서를 읽는 경험은 그야말로 직접 경험을 확장해주는 '풍부한 경험'이 될 것이 틀림없습니다.

또 한 가지, 직접 경험에 대해 당부드리고 싶은 점이 있습니다.

풍부한 직접 경험은 분명히 무엇과도 바꾸기 힘들 만큼

귀중합니다. 하지만 그 경험이 때로는 우리의 시야를 좁히고 마는 경우도 있습니다.

예를 들어 여러분이 운동부에 소속되어 있는데, 그 고문 선생님이나 감독님이 "나는 이렇게 연습해서 젊었을 때 지역 대회 우승을 거두었다. 그러니 다들 이 연습을 똑같이 해주기 바란다"라고 말한다면 어떨까요?

물론 그게 잘 들어맞는 경우도 있겠지요. 하지만 그 연습은 어쩌면 운 좋게 선생님에게 잘 맞았을 뿐일지도 모릅니다. 지금 중학생이나 고등학생에게는 통하지 않을 수도 있고, 애초에 그 선생님에게도 더 나은 연습 방법이 있었을 수도 있지요.

이런 식의 사고방식을 저는 '일반화의 함정'이라고 부릅니다. 자신이 경험한 것을 마치 모든 사람에게 다 잘 맞는 것처럼 과도하게 일반화해버리는 사고의 함정입니다.

이처럼 '일반화의 함정'은 일상생활 곳곳에 숨어 있습니다. "학교 선생들은 다 ㅇㅇ이다"라든가 "이래서 남자(여자)는 ㅁㅁ다"라든가, "외국인은 △△다" 같은 표현도 문맥에 따라서는 '일반화의 함정' 속에 풍덩 빠져버린 표현입니다. 자신이 지금까지 만났거나 보고 들은 선생, 남성 (여성), 외국인의 예가 모든 선생, 남성(여성), 외국인에게 해당되는 것처럼 과도하게 일반화해버리니까요.

독서는 그런 우리의 시야를 넓혀주는 역할을 맡습니다. 적어도 자신의 경험을 넘어선 세계를 한가득 알게 됨으로써, 안이한 일반화는 삼가게 될 테지요. 앞서 말한 운동부 감독님도 스포츠 지도의 최신 연구에 대해 쓴 책을 몇 권 읽으면 자신의 경험을 과도하게 일반화하는 일은 없어질지도 모릅니다.

물론 독서 때문에 말만 앞서고 한층 더 '일반화의 함정'에 빠져버리는 경우도 없지는 않겠지요.

하지만 이는 아마도, 독서의 양이나 깊이가 오히려 아직 부족해서 그럴 것입니다.

독서를 통해 지식이 얼마간 풍부해지면 우리는 이내 박식한 체하며 남들에게 뭔가를 얘기하고 싶어지거든요. 하지만 실은 그 지식이 더없이 단편적이거나, 표면적이기도 할 것입니다. 독서량을 쌓는 과정에서 도리어 그 단편적인 지식을 일반화하고 있지는 않은지, 우리는 충분히 자각할

'일반화의 함정'에 주의할 것

필요가 있겠지요.

고대 그리스의 철학자 소크라테스(기원전 469경~기원전 399)의 철학 중에, '무지의 자각(무지의 지(知))'이라는 유명한 말이 있습니다

소크라테스의 친구 중에 카이레폰이라는 청년이 있었습

니다. 그는 어느 날 델포이라는 성역에 있던 아폴론 신전에 가서 소크라테스를 능가하는 현자가 있는지를 물었습니다.

신탁을 받은 무녀는 이렇게 대답했습니다. "소크라테스를 능가하는 현자는 없다"라고요.

그 말을 듣고 놀란 소크라테스는 아니다, 그럴 리가 없다며 온 나라의 현자들을 찾아가 대화를 나누기로 했습니다.

하지만 그 과정에서 그는 깨달았습니다. 어떤 현자도 자신이 무엇이든 알고 있는 듯이 행세하지만 실제로 그들은 덕이란 무엇인가, 정의란 무엇인가 같은 본질적인 사안에 대해 실은 아무것도 모른다는 것을요. 게다가 그들은 놀랍게도 자기가 모른다는 사실조차 깨닫지 못했지요. 그런 의미에서 나는 적어도 내가 아무것도 모른다는 것은 자각하고 있다. 소크라테스는 그렇게 생각하기에 이르렀던 것입니다.

독서는 분명히 우리를 구글 맵으로 만들어줍니다. 머릿속에 교양의 거미줄을 치도록 해줍니다.

하지만 독서 경험을 쌓으면 쌓을수록 이 세상은 여전히

모르는 일투성이, 이해하지 못하는 일투성이라는 점도, 우리는 어쩔 수 없이 깨닫게 될 터입니다.

그런 '무지의 자각'이 주는 겸허함을, 우리는 잊어서는 안 되겠지요. 저는 소크라테스가 말했듯, 그것이야말로 '현자'의 조건이라고 생각합니다.

말을 비축하고 나눈다

저는 대학에 갓 입학한 1학년 학생에게 곧잘 이런 이야기도 합니다.

고교 시절까지는 "장난 아니다"라거나 "감동이다"라는 말만 갖고도 친구들 사이에서 커뮤니케이션이 됐을지도 모른다, 하지만 대학생이 되거나 사회인이 되면 그런 표현은 더는 통하지 않는다고요.

이 사회에는 세대며 문화, 가치관이나 감수성도 자신과 전혀 다른 사람들이 수없이 많습니다. 사회에 나가면 대다수의 사람은 그런 다양한 사람들과 커뮤니케이션해야 하는 자리에 어쩔 수 없이 내던져집니다.

그 말인즉, 그저 "장난 아니다"라거나 "감동이다" 같은 말이 아니라 무엇이 어떻게 "장난이 아니"며 "감동인지", 내가 아는 말을 총동원해서 전달할 수 있는 사람이 될 필요가 있다는 뜻입니다.

아니, 사실 그것은 초중생 때부터 중요한 일이지요.

말하고 싶은 게 있어도 그것을 말로 제대로 표현할 수 없어서 답답했던 경험을 가진 사람이 많지 않나 싶습니다.

누군가와 옥신각신하거나 싸움이 벌어졌을 때, 제대로 표현할 말을 찾지 못해 특히 커다란 문제를 야기하는 경우가 있습니다. 서로 말을 총동원해서 이야기를 나누면 이해하거나 타협점을 찾을 수 있었을지도 모르는데, 그 '말'을 못 찾는 바람에 답답함을 못 이기고 그만 폭력이나 안이한 폭언 등에 호소하는 일이 생기는 것이죠. 어린아이들이 짜증을 부리며 날뛰는 것은 대개의 경우, 답답함을 말로 표현할 수 없기 때문입니다.

반대로 말하자면, 만약 우리가 충분한 말을 갖고 있었더라면, 다른 사람과의 사이에 보다 깊은 양해 관계를 구축할 가능성이 몇 배나 높아진다는 얘기지요.

이를 위해서라도 우리는 "말을 비축할" 필요가 있습니다. 자신의 생각을, 또한 감정을 가장 적확한 말에 얹어 전할 수 있도록 많은 말을 알 필요가 있는 것이죠.

그것을 위한 가장 효과적인 방법이 역시 독서입니다.

독서의 탁월함은 시험을 위해 단어 카드를 한 장씩 암기하는 일과는 달리, 말을 문맥 속에서 배워나갈 수 있다는 점에 있습니다. 아하, 이런 문맥에서 이런 이야기를 하고 싶을 때는 이 말을 쓰면 되겠구나. 이런 것들을, 우리는 독서를 통해 저절로 익혀나가게 되지요.

말이라는 것은 신기하게도, 내 안에 충분히 쌓아나가다가 소위 그릇에서 흘러넘칠 정도가 되면, 그 뒤에는 입에서 저절로 술술 나오는 상태가 되는 법입니다. 혹은 문장으로 착착 엮어내기만 하면 그만인 그런 상태가 되거나요.

그때까지는 말을 잘하지 못했던 대학생이 독서량을 쌓음으로써 1~2년 뒤에는 몰라볼 만큼 탁월하게 말을 활용하게 된 사례를, 저는 수없이 보아왔습니다.

물론 말더듬이나 난독증 등, 말에 관한 장애를 지닌 사람도 많으니 이 점을 과도하게 일반화해서는 안 됩니다(일반화의 함정이네요). 하지만 만약 무슨 방법으로든 '말을 비축할' 수만 있다면 '말이 흘러넘치는' 경험 또한 많은 사람에게 분명히 찾아오지 않을까 합니다.

참고로 저는 어린 시절부터 심각한 과민성 장 증후군이라는 신경증에 시달려서, 남들 앞에서 이야기를 하는 것이 상당한 고역이었습니다.

이름 그대로 장이 너무 과민해서 조금만 불안이나 긴장을 느끼면 배가 아프고 설사를 하는 것이죠. 사춘기 시절에는 농담이 아니라 하루에 스무 번 이상 화장실로 달려갔습니다. 전철이나 버스, 비행기에 타기 위해서는 엄청난 각오를 다져야만 했지요.

요즘은 한 달에 몇 번이나 강연을 갖거나 TV며 라디오에도 나가고 있는데, 실은 본방 전에는 늘 배가 아파서 화장실에 틀어박혀 있습니다(예전보다는 훨씬 나아졌지만요). 그래도 지금은 남들 앞에서 이야기하는 일이 비교적 특기라는 생각이 드는 것은, 역시 제 안에 '말'이 쌓여 있기 때문인 것 같네요. 하고 싶은 말은 적확하게 할 수 있고, 무

슨 말을 듣건 아마 웬만하면 대답을 할 수 있지요. 그만큼
의 어휘를 쌓아왔고, 그만큼의 사고를 거듭해왔으니까요.
그런 자신감이나 안도감을 얻을 수 있었기에, 남들 앞에서
이야기하는 일을 즐길 수 있게 되었으리라고 봅니다.

이렇게 '말을 비축하는' 경험, 또한 그 말을 '나누는' 경험
을 많은 젊은이들이 충분히 쌓았으면 하는 것이 제 바람입
니다.

거듭 말하지만, 세계를 바라보는 법이 완전히 바뀌어버
리는 특별한 경험이 될 것이 틀림없으니까요.

인터넷으로는 안 되나?

아니, 그건 그런데 '말을 비축하는' 일도 그렇고, '교양의
거미줄'을 둘러치는 일도 그렇고 요즘 같은 시대에 굳이
책 따위를 읽을 필요가 있을까? 수많은 말과 정보가 인터
넷 안에도 얼마든지 굴러다니고 있잖아. 그러니 우리가 굳
이 독서에 얽매일 필요는 없지 않을까?

그렇게 생각하는 분도 계실지 모르지요.

물론 때와 장소에 따라서는 인터넷에서 지식이나 정보만 입수해도 충분하다고 저도 생각합니다. 특히 콕 집어서 단편적인 지식이나 정보를 재빨리 손에 넣고 싶을 때는 인터넷이 압도적으로 편리하지요.

하지만 인터넷의 정보나 기사와 책 사이에는 사실 결정적인 차이가 있답니다.

우선 이것은 형식 면에서의 이야기인데요, 인터넷상의 대다수 글들은 충분한 검증을 거치지 않은 데 비해, 책 같은 경우 편집자나 교열 담당자의 엄격한 체크를 거쳤다는 점을 들 수 있겠네요.

편집자는 저자의 듬직한 동반자입니다. 저자가 쓰고 싶은 내용을, 독자에게 보다 충분하게 전달하기 위해서는 문장이나 구성을 어떤 식으로 하면 좋을까, 내용을 더욱 심화하려면 어떻게 해야 좋을까, 저자와 함께 생각하거나 아이디어를 내주기도 하는 존재이지요.

그 과정에서, 때로는 저자와 격렬하게 맞부딪치기도 합니다. 좋은 책을 만들고 싶다는 생각은 마찬가지이니, 그 점에서 저자의 눈치를 보거나 타협은 하지 않습니다. 책

한 권은 종종 저자와 편집자의 '싸움'에서 태어나는 것입니다.

이 점에 대해서 저는 잊을 수 없는 추억이 몇 가지나 있습니다.

제가 쓴 글이 비로소 몇 군데 잡지 등에 실리기 시작한 20대 후반, 막 걸음을 내디뎠던 때 이야기입니다.

그 시절, 저를 담당했던 편집자 분도 아직 직장인 1년차로 막 걸음을 내디뎠던 분이었지요.

매달 연재 원고를 쓰던 중 어느 날, 그 담당자 분과 의견 차이로 격렬하게 충돌한 적이 있었습니다. 서로 한 걸음도 물러서지 않았고 한동안 험악한 분위기가 이어졌습니다.

그러던 어느 날, 오랫동안 신세를 졌던 문예 평론가이자 당시 와세다 대학교 교수로 계시던 가토 노리히로 선생님 (1948~2019) 및 그 지도 학생들과 선술집에서 술잔을 나눌 기회가 있었습니다.

이야기하다 보니 요새 편집자와 원고를 두고 다툰다는 이야기를 가토 선생님께 꺼냈습니다. 그리고 "하지만 여기에 대해서는 역시 이렇게 쓸 수밖에 없습니다"라고 말씀을 드렸지요.

그러자 가토 선생님은 들고 있던 잔을 조용히 테이블에 내려놓으시더니, 느닷없이 목소리를 높이시며 이렇게 말씀하시는 것이었습니다.

"잇토쿠, 글쓰기를 얕보지 마라!"

그 자리에 있던 모두가 깜짝 놀랐습니다. 늘 온화하셨던 가토 선생님이 대체 무슨 일인가 싶어서요.

가토 선생님은 이어서 이렇게 말씀하셨습니다.

"어떤 독자라도 그에 걸맞은 혼(魂)이 있다. 편집자라면 더더욱 문장을 읽는 일에 혼을 담는다. 그 목소리를 항상 가슴을 활짝 열고 들어라. '이렇게 쓸 수밖에 없다' 같은 소리는 해선 안 돼. 자신을 열고 상처 입으며 몇 번이고 몇 번이고 고쳐 쓴다." 그게 바로 글쓰기라고 하시면서요.

가토 선생님으로부터 제 인생에 커다란 영향을 미친 '말'을 수없이 얻었습니다. 그중에서도 이때 들은 '말'은 결코 잊을 수 없는 것입니다.

그로부터 1년쯤 뒤였을까요. 어느 편집자 분으로부터 중고생용 책 출간 제안을 받았습니다. 훗날 "무엇을 위해 공부하는가"라는 제목으로 출판될 책이지요.

그때까지 전 학술적인 논문이나 책만 써왔기에 일반 독자, 그것도 중고생용 책을 쓰는 것은 처음 경험하는 일이었습니다.

정말이지 고생했습니다. 담당 편집자 분과는 어떤 의미에서 그야말로 '싸움'을 벌였지요. 편집자 분은 당시 아직 20대로, 저보다도 젊은 분이었는데 소위 활기가 엄청났습니다. "좀 더 이해하기 쉽게 쓸 수 있을 것이다" "더 재미있게 쓸 수 있을 것이다", 이렇게 편집자 분의 기대를 담은 질타와 격려를, 저는 그야말로 가슴을 활짝 열고서, 얼마든지 해보라는 듯이 전부 제 안에 들이마셔 나갔습니다.

그 결과 저는 그 책의 원고를 무려 세 차례, 전부 다시 쓰게 되었지요. 글자 그대로 처음부터 끝까지, 전부 말입니다.

글쓰기를 얕보지 마라! 자신을 열고 상처 입으며 몇 번이고 몇 번이고 고쳐 쓴다. 그게 바로 글쓰기라는 것이다.

책은 격투 끝에 완성된다.

— 이때 제 머릿속에서는 가토 선생님의 말씀이 계속 울려 퍼졌습니다.

이 책은 지금도 많은 분들이 읽어주시는, 제게 무척이나 소중하고 잊을 수 없는 한 권입니다. 가토 선생님의 질타와 편집자 분과의 '싸움' 덕분이라고 생각합니다.

그 이후 저는 어떤 원고든 세 차례 전부 새로 쓸 각오로

집요하게 임하고 있습니다. 정말로 전하고 싶은 일을, 정말로 전해질 수 있도록 쓴다는 것은 어떤 일인가. 편집자 분과는 그 점에 대해 철저하게 고민을 나누려고 합니다.

저의 첫 책은 『어떤 교육이 '좋은' 교육인가』인데, 30세가 되기 직전에 집필하게 되었습니다.

당시 완전히 무명이었던 저를 발견해주신 것이, 이 책의 담당 편집자 분이었습니다.

고단샤의 명물 편집자 분이고, 그 뒤로 몇 권이나 신세를 졌는데 학자도 무색해질 만큼 박학하셔서 저도 "잇토쿠 군은 정말 교양이 없구면"이라거나 "어, 프랑스어도 못 읽어?" 같은 소리를 들으며 어지간히 놀림감이 되었습니다. 그런 식으로 깎아내림으로써, 사람이 분발하여 성장할 거라고 생각하셨겠죠.

사실 그 생각이 옳았던 셈입니다.

앞에서도 조금 이야기했듯이 철학으로 먹고살기란 더없이 어려운 일이며, 당시 저는 막 결혼해서 아이도 태어난 참이었지만, 대학에서는 임기가 정해진 조교라는 신분이라 앞으로 대체 어떻게 될까 하는 커다란 불안 속에 지냈습니다.

그런 가운데, 저를 발견해주셨던 편집자 분은 제게 글자 그대로 '구원의 신'이었고, 또한 '길러준 어버이'이기도 했지요. 그렇게 새로운 저자를 발견하고 길러내는 것 역시 뛰어난 편집자가 할 일이겠구나 생각합니다.

책을 만드는 데에는 편집자뿐 아니라 교열자의 존재도 매우 중요합니다.

교열이란 오자, 탈자나 표현 등을 체크할 뿐 아니라, 쓰여 있는 내용이 사실인지 등도 확인하는 작업입니다.

예를 들어 원고에 날짜나 지명 등이 나오면 그것이 정확한지, 교열자는 반드시 체크합니다. 문헌을 인용할 경우, 그 인용 페이지가 맞는지 정확하게 인용되어 있는지 등도 체크해줍니다.

어떤 책 속에서, 어느 철학서의 한 장에 대해 요약했을 때는 교열자 분이 그 요약 방식이 정확한지까지 체크해주신 적도 있었습니다. "어? 그럼 이 장을 일부러 전부 읽었단 뜻인가?" 싶어서 그때는 정말 깜짝 놀랐습니다. 그렇게 쉽게 읽을 수 없는, 난해한 철학서였기 때문이지요.

안타깝지만 요새는 출판이 불황이어서, 그 정도로 수고를 들일 여유가 없는 출판사도 존재할지 모릅니다. 아무 체크도 받지 않은 인터넷 기사와 큰 차이가 없어 보이는 책도 없는 것은 아닙니다. 하지만 책 한 권에는 대개, 몇 사람 분의 정열이나 지식이 들어 있다는 사실을, 여러분이 알아주시면 기쁘겠습니다. 물론 그 최종적인 책임이 저자에게 있음은 군이 말할 필요도 없겠지만요.

'구조'를 파악한다

책과 인터넷 기사 사이에는 또 한 가지, 보다 중요한 차이가 있습니다.

앞서 이야기했듯, 단편적인 지식이나 정보를 재빨리 손에 넣고 싶을 때는 분명히 인터넷이 압도적으로 편리합니다. 그래도 그것은 글자 그대로 단편적인 경우가 많으며, 그 배경을 포함한 지식의 '구조'를 손에 넣기가 힘들죠.

여기에서 '구조'라고 하는 것은 우선, 앞서 말한 '교양의 거미줄'이라고 생각해주시면 되겠습니다.

예를 들어 17세기 프랑스의, 근대 철학의 시조라고도 불리는 데카르트(1596~1650)가 한 말 중에 "나는 생각한다, 고로 존재한다"라는 유명한 말이 있습니다. 중고생인 여러분 가운데도 이 말을 들어본 적이 있는 사람이 많을 것입니다.

하지만 많은 경우에 그 말만 알고 있는, 그야말로 단편적인 지식이 아닐까요. 이 말이 무엇을 뜻하는가? 왜 데카르트는 이런 말을 했을까? 거기에는 어떤 시대 배경이 있었는가? 후세에 어떤 영향을 끼쳤을까? 왜 지금도 더없이 중요한 말이라고 할 수 있는가? 이러한 물음에 답하려면 역시 '교양의 거미줄'이 쳐져 있어야만 합니다.

이를 위해서는 단편적인 지식을 얻을 수 있는 인터넷 기사뿐 아니라, 어느 정도 '길이'를 지닌 책을 많이 읽는 수밖에 없습니다. 인터넷상의 글만으로 '교양의 거미줄'을 손에 넣는 일이 불가능하지는 않을지 몰라도, 역시 책을 읽는 편이 압도적으로 효과적입니다.

또 한 가지, 앞에 나온 '구조'라는 말에는 책 한 권의 '구조'라는 의미도 담겨 있습니다.

철학서를 예로 들어 말씀드리자면, 저는 철학서를 읽을 때 다음 세 가지를 항상 의식하라고 학생들에게 전하고 있습니다.

1. 이 책(저자)의 질문은 무엇인가?
2. 어떠한 방법으로 그 질문을 풀려고 하는가?
3. 답은 무엇인가?

특히 철학처럼 난해한 주제를 다룬 책은 독자를 쉽게 미아로 만들고 맙니다. 단편적인 말에 집착해, 자기 멋대로 해석해버리는 일도 자주 있습니다.

그러므로 앞서 말씀드린 세 가지를 항상 내려놓지 않는 것이 중요합니다. 철학적인 책에는 명시적이건 암시적이건 물음과 방법과 질문이 반드시 존재하며, 그것을 분명히 붙잡는 것이 가장 중요한 일이기 때문입니다. 책의 '구조'를 파악한다는 것은 그런 뜻입니다.

이처럼 '구조'를 붙잡는 독서 경험은 우리가 구조적으로 사고를 하고 표현할 수 있는 힘 또한 길러줍니다.

구조적으로 사고를 한다는 말은, 있는 그대로 말하자면 논리적으로 생각하고 표현할 수 있게 된다는 뜻입니다.

그렇지만 그것은 A=B이고 B=C이면 A=C라는, 형식적인 논리를 늘어놓기만 하는 일을 의미하지는 않습니다. 억지 논리로 상대방을 설복시키거나, 말꼬리 잡는 일이 장기가 된다는 것도 아닙니다.

뭔가를 전하고 싶을 때, 어떤 근거를 갖고 어떤 순서로 어떤 말을 사용해 논하면 보다 효과적으로 전해질까, 이런 부분도 포함하여 넓은 시야로 사고할 수 있게 된다는 것입니다.

소설을 비롯해, 대부분의 책을 읽으면 그러한 책이 어떤 '구조'를 통해 저자가 하고 싶은 말을 효과적으로 전달하고 있는지를 파악할 수 있게 됩니다. "아하, 도입부를 이런 식으로 써서 독자의 흥미를 끌고 있구나"라든가 "호오, 여기서 잠깐 쉬면서 클라이맥스를 향해 독자에게 마음의 준비를 시키는구나"라든가 "크~, 여기서 이런 표현을 쓰다니~" 하며, 저자가 무엇을 어떻게 생각하여 다른 사람에게 어떻게 전달하려고 하는지가 보이게 되는 것이죠.

그런 독서를 계속하다 보면 그러한 구조적인 사고가 저도 모르는 사이에 우리 머릿속에 점차 인스톨됩니다. 그리고 그것은 우리가 무언가를 이야기하거나 쓰거나 표현할 때 가장 강한 무기가 되어줄 것입니다.

시민으로서의 독서

에마뉘엘 토드(1951~)라는, 제가 좋아하는 역사학자가 "시민으로서의 독서"라는 이야기를 했습니다(『인문학을 위한 사고 지도』). 정말 중요한 관점이라 생각해서 그 점에 대해서도 조금 언급해보려고 합니다.

'시민'이라는 것은, ○○시에 살고 있는 ○○시민이라는 뜻이 아니라, 우리가 사는 이 시민 사회에서, 사회를 만들어나가는 존재로서의 시민을 말합니다. 시민 사회라는 말에는 여러 가지 의미가 있지만 여기에서는 '민주주의 사회'와 거의 같은 의미, 즉 임금님 등이 지배하는 사회가 아니라 사람들이 서로를 대등하고 자유로운 존재로 인정하며 함께 만들어가는 사회라고 생각해주시면 되겠습니다.

"시민으로서의 독서"란, 그런 시민 사회, 민주주의 사회를 짊어질 사람으로서의 '교양'을 쌓기 위한 독서입니다.

민주주의는 자칫하면 금세 무너져버릴 수도 있는 연약함을 안고 있습니다. 권력자 중에는 시민의 자유를 빼앗고 자기 마음대로 하려는 사람도 있겠지요. 혹은 빈부 격차가 커지면 우리 사이에서 '대등한 시민'이라는 감각이 희미해져 버릴 수도 있습니다. 그렇게 되면 민주주의는 근본부터 썩게 되고 맙니다.

그래서 우리는 권력자를 제대로 감시하거나, 빈부 격차가 확대되지 않도록 하기 위한 정책 등에 대해서 제대로 알고 생각할 필요가 있는 것이죠. 토드가 말하는 "시민으로서의 독서"는 그러한 시민 사회, 민주주의 사회를 짊어질 사람으로서, 우리 한 사람 한 사람이 이 사회에 대해 보다 깊이 생각하기 위한 독서인 것입니다.

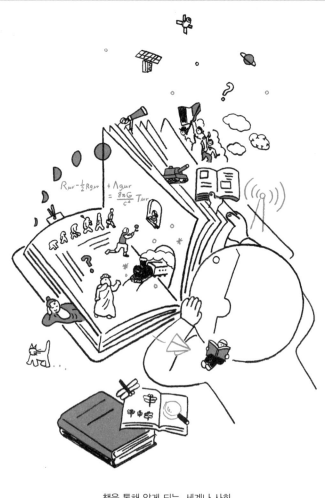

책을 통해 알게 되는, 세계나 사회

그래도 사회에는 흥미가 없다, 생각할 여유도 없다는 분도 분명히 적지 않을 거라고 봅니다. 솔직히 말씀드려, 저도 중고생 때는 자기 일로도 벅차서 사회 문제에는 거의 관심이 없었거든요.

하지만 이 시민 사회에는 역시 성숙한 시민들이 필요한 법입니다. 이 사회를 보다 나은 곳으로 만들려면 어떻게 해야 좋을까, 그것을 함께 생각하는 성숙한 시민들이요.

생각해보면 여러분도 부모님께 받은 용돈이나, 아르바이트를 해서 받은 돈으로 뭔가를 살 때에 소비세를 내고 있군요. 아르바이트비가 일정 금액을 넘으면 소득세나 주민세도 내야만 합니다. 그 세금이 무엇에 어떤 식으로 쓰이는지, 적정하게 배분되고 있는지에 대해 더 잘 알고 싶지는 않은가요?

우리 인생은 결국 어떤 사회에서 사느냐에 크게 좌우됩니다. 사회에 대해 알고, 보다 나은 사회를 향해 함께 만들어나가는 일은 우리의 인생을 보다 풍요롭게 만드는 일과 직결됩니다.

그러니 부디 "시민으로서의 독서"를 축적하여 여러분이

이 사회를 어떻게 만들고 싶은지 생각해보시기를 바랍니다. 만 18세가 되면 여러분도 선거권을 획득하지요(이미 획득하신 분도 있겠군요). 그때에는 "시민으로서의 독서" 경험을 살려 그 권리를 소중하게 행사하셨으면 좋겠다는 바람도 있습니다.

물론 시민으로서 "사회를 함께 만드는" 방법은 투표 말고도 수없이 많습니다. 불합리한 교칙을 개선하거나 폐지하기 위해 목소리를 높이는 일도 그에 해당할지 모릅니다. 젊은이의 목소리를 서명을 통해 정치가에게 전달하는 일도 그럴 테고요.

예전에 저는 '구마모토시립고등학교 등 개혁 검토 위원회'라는 교육 위원회에 설치된 회의의 위원장으로 임명된 적이 있는데요, 거기에는 놀랍게도 고등학생 두 사람, 전문학교 학생 한 사람이 위원으로 참가해주었습니다. 지자체의 학교 개혁 회의에 고등학생이 관여한다는 건 대단한 일이죠.

그런 젊은이가 사회에 참여할 기회를, 어른들이 더욱 풍부하게 만들어나가야 한다고 생각합니다. 그렇게 하면 분명히 "시민으로서의 독서"를 향한 젊은 사람들의 동기도 보다 높아질 것이 틀림없습니다.

이번 챕터 정리

◆ 독서는 우리를 구글 맵으로 만든다.

◆ 독서 경험을 쌓음으로써 '거미줄에 전류 흘리기'를 할 수 있게 된다.

◆ 말을 비축하면 다른 이와의 사이에 공통된 이해를 찾아 낼 수 있게 된다.

◆ 독서를 통해 구조적인 사고를 단련할 수 있게 된다.

두 번째 이야기

독서의 방법

'그물 낚시법'에서 '외줄 낚시법'으로

제2장에서는 독서의 방법에 대해 말씀드리고자 합니다. 우리는 대체 어떻게 하면 구글 맵이 될 수 있을까요? 그렇게 되기 위한 구체적인 독서법을, 앞선 사람들의 지혜나 제 경험, 또 최신 인지과학이나 그 하위 영역으로 간주되는 학습과학 지식 등과도 연결하면서 전달해드리고자 합니다.

물론 그렇다고 유일하고 절대적으로 옳은 독서의 방법이 있는 것은 아닙니다. 그러니 여기에서 소개드리는 방법도 여러분들이 참고하신 다음에, 나아가 자기 나름대로 점점 개량해주시면 좋겠습니다. 처음에는 그대로 따라서 하기만 해도 좋겠지만, 경험을 쌓음에 따라 보다 자신에게 잘 맞는 독서법이나 기록법을 꼭 엮어보기 바랍니다.

우리가 구글 맵이 되기 위한 독서법, 그 기본은 먼저 그물 낚시법에서 외줄 낚시법으로입니다. 맞아요, 저는 늘 학생들에게 이렇게 말합니다.

'그물 낚시법'이란 글자 그대로 흥미의 그물을 최대한 널리 던져서 거기에 걸리는 것을 닥치는 대로 끌어오는 일이라고요.

우선 문학 작품이 아닌 교양서라면 제목에 '십 대'나 '청소년'이 들어가는 가벼운 책부터 읽어보기를 바랍니다. 어떤 분야를 읽을지 깊게 고민하기보다는 흥미가 가는 대로, 마음이 이끄는 대로 가볍게 책을 고르면 좋겠습니다.

이러한 책들은 어떤 분야의 전문가가 일반 독자를 위해 비교적 알기 쉽게 쓴 경우가 많습니다. 역사, 철학, 문학, 자연 과학, 사회 과학 등 여러 학문에서 어떠한 테마나 그

학문의 전체상을 이해할 수 있게 해주는 책도 많고, 환경 문제나 격차 문제 등 현대 사회가 직면한 문제에 대해서 알려주는 책도 많습니다. 스포츠나 음악 등, 우리 취미를 풍부하게 만들어줄 책도 많고요

일단은 서점이나 헌책방이나 도서관에 가서 서가를 꼭 한번 구경하기를 바랍니다. 그런 다음 책등을 손가락으로 훑으면서 한 권씩 후루룩 살펴나갑니다. 그러다 보면 "아, 이거 재미있겠다" 싶은 책을 분명히 발견할 것입니다.

익숙해지면 서가를 구경하기만 해도 책이 먼저 나를 부르는 일까지 생깁니다. "야, 여기 네가 읽고 싶어 하는 내가 있다고" 뭐 이런 식으로요. 책의 목소리가 들리거나 또는 그 책만 빛나 보이는 그런 일이 일어나게 되는 것입니다.

그렇게 여러분의 관심 안테나에 걸린 책을 사거나 빌려 보세요. 한 번에 왕창 사서 책상에 몇 권이나 쌓아두는 것도 괜찮고, 한 권을 다 읽을 때마다 다음 책을 사거나 빌리는 것도 좋겠지요.

다만 책상에 몇 권이고 쌓아두면, 소위 책탑(읽지 않고 많은 책이 놓여 있기만 한 상태)이 쌓여버리거나, 빨리 다음 책

을 집고 싶은 욕구에 사로잡혀 지금 읽는 책을 소홀히 하게
되는 일도 있으니, 그런 부분은 경험을 쌓으면서 자기 나름
대로 책과 사귀는 방법을 찾게 되면 좋지 않을까 싶습니다.

"이건 나한테는 좀 어려울까"라든가 "너무 재미없다" 싶
으면 도중에 그만둬도 괜찮습니다. 지금은 연이 닿지 않았
을 뿐이고 언젠가 그 책을 다시 만나게 될 날이 있을지도
모르니까요.

어느 정도 술술 읽히는 책부터 시작하지 않으면 도저히
오래 버티지를 못합니다. 절반에서 7할 정도밖에 모르겠
다는 생각이 감각적으로 와 닿는 책은 '그물 낚시법' 단계
에서는 읽지 않아도 괜찮겠지요. 어떻게든 독파를 해도 그
것은 그저 글자를 쫓아다녔을 뿐, 결국 머리에는 거의 아
무것도 남지 않을 것이기 때문입니다.

그렇지만 이 세상에는 너무 어려워서 무슨 말인지 이해
하기 어렵지만 도전해볼 만한 가치가 있는 책도 있는 법입
니다. 또한 도전하기에 알맞은 시기도 있습니다.

특히 사춘기는 크게 발돋움을 하여 자신을 있는 힘껏 성

장시키는 시절이죠. 만약 여러분이 까닭 없이 플라톤을 읽고 싶다거나, 경제학의 아버지 애덤 스미스를 읽고 싶다거나, 혹은 진화론의 창시자 찰스 다윈을 읽고 싶다거나 문호인 레프 톨스토이를 읽고 싶어졌다면 주저 말고 집어 들기를 바랍니다. 전부 다 읽지 못한다 해도, 지금은 아직 잘 모르겠지만 뭔가 굉장한 세계가 책 속에 있을지도 모른다

'그물 낚시법' 스타일 독서

는 감촉을 얻기만 해도 충분히 의미가 있다고 봅니다. "독서백편의자현(讀書百遍義自見)"이라는 말이 있듯이, 몇 번이고 도전하는 사이에 조금씩 의미를 알 수 있게 되는 일도 생길지 모릅니다.

전에도 말했다시피, 우리가 보고 있는 세계는 이 세상의 극히 일부분일 뿐입니다. 지금의 자신은 도저히 둘러볼 수 없겠지만 언젠가는 손이 닿을지도 모르는 세계가 존재한다는 것을 안다는 일은, 우리의 인생을 풍요롭게 해줄 것이 틀림없습니다. 그저 살아 있는 게 아니라 무언가를 동경하며 살아간다. 특히 젊은 시절에는 그런 삶의 방식을 힘이 닿는 데까지 맛보았으면 합니다.

독서 모임을 열어보자

혼자서 '그물 낚시법'을 계속하다 보면 뭘 읽어야 좋을지 알 수 없게 되거나, 어떻게 읽으면 좋을지에 대해 고민하거나, 조금씩 막다른 길에 몰리는 경우도 있습니다.

그럴 때에는 마음 맞는 친구들을 모아 독서 모임을 열어보기를 추천합니다. 책 한 권을 다 같이 읽고 모여서 감상이나 의견을 나누거나, 마음에 드는 책을 서로 소개하기도 하면서요.

약간 학문적인 책에 도전할 경우, 독서 모임은 한층 의미를 가집니다. 친구들 사이에 그 분야에 대해 조금 잘 아는 친구가 있다면 더욱 좋겠지요. 여차하면 학교 선생님을 모임으로 끌어들여도 좋을지 모릅니다.

'귀동냥'이라는 말이 있습니다. 귀로 듣고 배워 익힌다는 의미입니다. 학문적인 책을 읽는 데에는 글자 그대로 귀동냥이 특히 효과적입니다. 혼자서는 좀처럼 이해하기 어려워도, 친구들과 신나게 이야기를 나누며 읽는 사이에 이해가 되기 시작하는 경우도 있거든요.

저도 정기적으로 독서 모임(연구회)을 개최하고 있습니다. 새로운 학문 분야에 도전할 때나, 혼자서 읽기에는 너무 난해하거나 두껍거나 혹은 지루해지는 책을 읽을 때에, 동료들을 꾀어서 스터디 모임을 열고 있습니다.

기본적으로는 전원이 책을 미리 읽은 뒤, 누군가 담당자를 결정하거나 혹은 분배하여 요약문을 발표합니다. 책의 내용을 간결하게 정리하여 발표하는 것이죠(요약문 작성법은 다음 장에서 소개하겠습니다). 길거나 너무나 어려운 책일 경우, 몇 장으로 나눠 독서 모임을 엽니다. 그러는 가운데 다들 내용에 대해 논의를 나누며 책의 내용을 보다 깊이 이해하거나 비판적으로 꼼꼼하게 읽어나가곤 하는 것이지요.

독서 모임을 열다 보면 다음에 읽어야 할 책이 저절로 발견되거나, 서로 책을 소개하는 일도 곧잘 일어납니다. 흥미의 '그물'에 수많은 책이 걸려드는 셈이지요.

책 선생님을 적극적으로 활용한다

'그물 낚시법'을 시도할 때에는 꼭 '책 선생님'의 힘도 빌리시는 게 좋습니다.

도서관을 운영하면서 수업을 겸해서 하는 선생님을 사서 교사라고 부릅니다. 사서 교사 외에 학교 도서관의 프로페셔널인 직원은 학교 사서라고 불리지요. 어느 분이나 믿음직한 '책 선생님'입니다.

학교에 사서 교사나 학교 사서가 상근하지 않는 경우가 안타깝게도 적지 않습니다. 그럴 경우에는 모쪼록, 동네 도서관 사서 선생님의 힘을 빌리면 좋겠군요. 여러분이 도서관에서 책을 빌릴 때 얼굴을 마주하는, 대출 데스크에서 업무를 보시는 분들이지요.

동네 도서관의 사서거나 사서 교사, 학교 사서는 책에 대해 방대한 지식을 지닌 프로페셔널입니다. 서점에서든 도서관에서든, 독서 안테나에 걸리는 책이 좀처럼 발견되지 않을 때는 꼭 상담을 청해보세요. "저번에 이런 책을 읽어서 정말 재미있었는데, 이것과 비슷한 책이 또 없을까요" 하면서 말이죠. 어떤 장르의 책이건, 책 선생님이 차례차례 소개해주는 것을 보면서 여러분은 분명히 놀라게 될 것입니다.

"저번에 신문에서 읽었던 ○○에 관한 책, 제목은 모르겠지만 있을까요?" 같은 문의에도 사서 선생님들은 대답해주시지요. 한 도서관의 웹사이트에는 '잘못 기억한 제목 모음'이라는 코너가 있는데, 지금까지 문의가 있었던, 모호하게 기억했던 책 제목을 사서 선생님이 제대로 찾아낸

사례가 잔뜩 소개되어 있습니다. 예를 들면 "남자애 이름이고 무슨무슨 가방"을 찾는 문의가 있었죠. 정체는 『해리 포터와 아즈카반의 죄수』였습니다. 혹은 "해리 포터가 쓴 토끼 책"이라는 문의도 있었는데요, 정체는 『피터 래빗 이야기』였죠.

물론 책 선생님도 도서관에 있는 책을 전부 읽는 것은 아닙니다. 하지만 다양한 책에 대한 정보나 책을 찾는 법이 머릿속에 그야말로 '거미줄'처럼 둘러쳐져 있는 것이죠. 그래서 여러분의 이야기를 들으면서 거기에 전류를 흘려보내어 "이 책이라면 아마 이 아이의 흥미를 끌 수 있겠구나" 싶은 책을 찾아낼 수가 있는 것입니다.

대학교 도서관 사서로 일하는 이리야 레이코 씨는 『프로 사서의 검색술』이라는 책에서 "도서관 이용자로부터 정보 요청을 받았을 때, 조각조각난 작은 단서가 머릿속에서 연결되며 '그렇다면 바로 그 책이다!' 하며 스파크를 일으킨다"고 썼습니다. 그야말로 거미줄에 전류가 흐르고 있는 셈이네요.

지나친 일반화는 좋지 않지만, 사서라는 믿음직한 존재

에 대해 모르는 이들이 너무 많아 보입니다. 책을 정리하거나 대출을 해주는 사람이라는 인상밖에 가지지 않는 이들이 많지 않을까요.

앞에 나온『프로 사서의 검색술』에도 쓰여 있지만, 서구권에서는 많은 사람이 도서관 직원의 전문성을 매우 신뢰하고 있습니다. 이 책에 따르면 영국 도서관 정보 전문가

도서관 사서가 거미줄에 흘리는 전류!

협회가 2018년에 실시한 '신뢰할 수 있는 정보를 제공하는 전문가는?'이라는 조사에서 도서관 직원의 순위는 법률가보다도 높은 4위였다고 하네요.

책에 대해서 뭔가 곤란한 일이 생겼다면 먼저 사서에게 물어봅시다. 이 점을 여러분이 꼭 기억해주시기를 바랍니다. 솔직히 말하자면 초등학생 때부터 학교에서 이 점을 더욱 똑똑히 가르쳐주시면 고맙겠습니다.

지식은 눈사람처럼 불어난다

그런데 그렇게 '그물 낚시법'을 열 권, 스무 권, 서른 권 계속하다 보면 어느 순간부터 이 분야에 대해 좀 더 알고 싶다, 이 사람이 쓴 책을 좀 더 읽고 싶다는 생각이 들 때가 있을 것입니다. 제2차 세계 대전에 대한 책을 읽었으니 다른 현대사 책을 읽어볼까, 공룡에 흥미가 돋았으니 최신 공룡 연구에 대한 책을 읽어볼까, 추리소설 작가인 애거사 크리스티의 작품을 전부 읽어볼까, 같은 생각들요.

바로 그 타이밍에 '외줄 낚시법'을 꼭 시험해보시기 바랍니다. 관심을 가지게 된 테마나 저자의 책을 일단 닥치는 대로 읽고 보는 것입니다. 열 권이고 스무 권이고 읽다 보면 그 분야에 대해서 어느 정도 전문가가 될 수 있을 터입니다.

그때도 사서 선생님은 물론 든든한 아군이 되어줄 것입니다. 하지만 익숙해지면 자기 힘으로 고구마 줄기처럼 책을 쭉쭉 발견할 수 있게 될 테지요. 책 속에서 소개되는 또 다른 책이나 참고 문헌 일람에 실려 있는 책을 실마리 삼아, 다음에 읽을 책이 저절로 발견될 것입니다. 도서관은 도서 분류법이라는 것에 바탕을 두고 장르별로 서가를 만들어놓고 있으므로 도서관으로 발길을 옮겨보는 것도 한 가지 방법이겠지요.

온라인 서점에서는 지금까지의 구입이나 열람 이력을 바탕으로 추천 도서를 제안해주는데, '외줄 낚시법'에서는 그것도 편리합니다. 책과의 세렌디피티(우연한 만남)가 사라진다고 하는 사람도 있지만, 알고리즘의 제안 또한 하나의 세렌디피티라고 할 수도 있겠지요. 물론 그 제안이 편향되어 있거나 시시하게 느껴진다면, 의식적으로 도서관이나 서점에 발길을 옮기는 기회를 늘리면 되겠고요. 아까도 말했다시피 익숙해지면 서가에서 책이 먼저 말을 거니까요.

이 '그물 낚시법에서 외줄 낚시법으로'를, 우선 꼭 반복해 보시기 바랍니다. 몇 개월쯤 계속하다 보면 읽는 스피드나 독해력도 눈사람을 굴리듯 늘어나는 것을 실감할 수 있을 터입니다. 독서에 익숙해진 덕분이기도 하지만, 배경 지식이 풍부해져서 읽어봐도 알 수 없는 부분이 서서히 줄어들며 책이 술술 읽히고, 머리에 차곡차곡 쌓이게 됩니다.

사람이 이미 알고 있는 것을 실마리 삼아 다음 학습을 진행해나간다는 것은 인지과학의 기본적인 지식입니다. 눈사람 같다는 말은 과장이 아닙니다. 이미 알고 있는 것이 늘어나면 늘어날수록, 지식은 몇 배로 늘어나가게 됩니다.

독서 습관이 잡히지 않은 사람은 먼저 한 달에 두세 권부터 시작해보면 좋겠지요. 그러는 와중에 일주일에 한두 권, 익숙해지면 하루에 한 권도 가능하게 될지 모릅니다. 그 정도로 읽으면 구글 맵이 되는 건 시간문제죠.

속독의 문제

　다만 덧붙일 말이 있는데요, 흔히 말하는 속독은 그리 추천하지 않습니다. 물론 독서에 익숙해지면 제법 빠른 속도로 책을 읽을 수 있게 되니, 자연스러운 독서 속도 향상 자체에는 아무런 문제도 없습니다. 오히려 바람직하다고 할 수도 있겠지요. 목적에 따라서는 필요한 정보만을 스캔해서 뽑아내는 독서법도 분명 존재합니다.

　하지만 속독은 책을 얼마간 건너뛰면서 읽을 수밖에 없는 독서법입니다. 인상적인 말을 어느 정도 포착해서 그 틈새를, 말하자면 추론해나가는 방법이지요.

　그렇다면 그 추론에 오류가 생길 가능성이 발생하고 맙니다. 자칫하면 내용과 정반대로 읽어버릴 위험성도 있지요. 좀 더 자세히 이야기하자면 책의 내용을 자신의 사고 속에 억지로 밀어 넣을 수도 있는 독서법이므로, 새로운 발견이나 자신의 생각을 돌아볼 기회를 스스로 없애버릴 가능성도 있습니다.

　작가인 히라노 게이치로 씨도 『책을 읽는 방법—히라노

게이치로의 슬로 리딩』이라고 하는 책 속에서, 속독 같은 걸 계속하다 보면 "읽으면 읽을수록 자신의 편향된 관점이 반복되어, 시야를 넓히기는커녕 갈수록 좁은 사고로 기울어갈 것"이라고 말합니다.

뿐만 아니라 히라노 씨는 이런 이야기도 썼는데, 이것을 읽었을 때는 저도 모르게 웃고 말았습니다.

한 달에 책을 100권 읽었다거나 1,000권을 읽었다며 자랑하는 사람은 라면 가게의 많이 먹기 도전에서 15분 사이에 면을 다섯 번 리필해 먹었다고 자랑하는 것과 다를 바 없다. 속독가의 지식은 단순한 지방이다. 그것은 아무 짝에도 쓸모없으며 쓸데없이 두뇌 회전을 둔하게 만들 뿐인 군살이다. 결코 자기 자신의 몸이 되거나 근육이 된 지식이 아니다. 그보다 아주 적은 양이라도 자기가 정말로 맛있다고 느낀 요리의 맛을, 풍부하게 이야기할 줄 아는 사람이 다른 이들로부터는 미식가로 존경을 받게 되리라.

정보를 적절한 템포로 척척 쌓아나가는 독서법도 있기는 합니다. 하지만 여러분은 부디 책 한 권을 차분하게 맛보는 경험을 소중히 여기셨으면 하는 것이 제 바람입니다.

제가 평소에 읽는 철학서 등은 그야말로 그렇게 꼼꼼히 음미하며 읽기가 어울리는 책입니다. 그러한 독서를 통해 평생 함께할 친구를 만나는 기쁨은 무엇과도 바꾸기 힘듭니다. 전에 소개했던 플라톤이나 데카르트도, 혹은 근대 민주주의의 원류를 구축한 장 자크 루소도, 현대 철학의 문을 연 프리드리히 니체도, 제게는 일생에 걸쳐 이야기를 나누고 싶은 친구들입니다.

문학과의 만남

그렇지만 구글 맵이 되어 '거미줄에 전류 흘리기'를 할 수 있게 되려면, 어느 정도 많이 읽어야만 하는 것도 사실입니다. 막무가내로 속독을 하면 실이 따르지만 무리 없는 다독에는 역시 득이 있다고, 저도 생각합니다.

저는 어린 시절부터 독서를 좋아했지만, 의식적으로 책을 많이 읽으려고 생각하게 된 것은 사실 대학생이 되고 난 다음부터입니다.

그 계기가, 솔직히 말하자면 앞서 말한 히라노 게이치로 씨였습니다.

교토대학 재학 중에 『일식』이라는 소설로 데뷔에 성공한 히라노 씨는 그 후, 당시 최연소로 아쿠타가와상을 수상했습니다. 허어, 별 대단한 사람이 다 있구나 하는 생각에, 그 수상작 『일식』을 별생각 없이 읽게 되었습니다. 당시 대학교 1학년이었던 저는, 일단 지금까지 본 적도 없었던 갖가지 난해한 말들에 깜짝 놀랐습니다. 이어서 그 아름다운 문체에 매료되었고 마지막으로는 작가의 상상력이 낳은 세계 속으로 빨려 들어가 융화되어 한동안 책의 세계에서 빠져나오지 못하게 되고 말았습니다.

언어가 예술이라는 것을, 저는 히라노 씨의 작품으로 처음 알았습니다. 히라노 게이치로 씨는 세계의 모든 것을 언어로 그려내는 작가입니다. 그것은 바야흐로 예술가의 손에 의해 태어나려 하는, 아직 그 누구도 본 적이 없는 세계까지 포함하는 '세계의 모든 것'입니다.

너무나 큰 충격을 받은 저는, 히라노 씨의 인터뷰도 닥치는 대로 읽었습니다. 그 과정에서 당연하다면 당연하겠지만, 눈앞이 아찔해질 것 같은 히라노 씨의 어휘력의 배경에는 역시나 대량의 독서가 있었음을 알게 된 것입니다.

지금 와서 생각하면 부끄러운 이야기지만, 사실 저 또한 어린 시절에 만화가를 꿈꿨고 중고생 시절부터는 소설도 많이 쓰곤 했습니다. 히라노 씨에게서 받은 충격은 그런 제게, 소설가가 되고 싶다는 강한 욕망을 불러 일으켰지요.

수많은 소설을 썼습니다. 물론 문학 작품도 많이 읽었습니다. 이와나미 출판사에서 나온 '붉은 띠'라 불리는 외국 문학 시리즈가 있는데, 아마 거의 다 읽었을 겁니다.

그런 제게 이어서 찾아온 것은 셰익스피어와 괴테였습니다.

마침 그 무렵, 저는 엄청난 조울증을 앓고 있었는데 조증 상태일 때 만난 것이 셰익스피어, 울증 상태일 때 만난 것이 괴테였습니다.

극심한 조증 상태에서 셰익스피어의 『로미오와 줄리엣』을 처음 만난 저는 손 쓸 도리가 없는 로맨티스트가 되어 버렸고, 당시에는 이 사람 저 사람 가릴 것 없이 사랑했습니다. 한편 울증으로 고생하며 매일 죽음을 생각하던 시절에는 괴테의『젊은 베르테르의 슬픔』을 주머니에 넣고 다니며, 틈틈이 펼쳐 보고는 눈물을 흘렸습니다.

그로부터 8년쯤, 저는 소설을 계속 썼지만 결국 소설가의 싹이 트지 않아 좌절했습니다. 하지만 그 후, 마치 그 좌절과 맞바꾸듯 철학을 만난 것은 제 인생에서 가장 은혜로운 일 중 하나였다고 생각합니다.

독서를 습관으로 만든다

인생을 크게 바꾼 것은 전에도 소개했던 철학서, 다케다 세이지의『인간적 자유의 조건—헤겔과 포스트모던 사상』이라는 책과의 만남이었습니다. 제가 이 책을 만날 수 있었던 것도 '그물 낚시법에서 외줄 낚시법으로'를 10대 시절부터 계속 실천해온 덕분이었다고 생각합니다.

히라노 게이치로 씨를 만난 대학교 1학년 무렵부터, 거의 6년 동안 저는 하루에 책 한 권은 반드시 읽는 생활을 매일 계속했습니다. 하기야 "오늘은 독서 시간을 30분밖에 못 낼 것 같구나" 싶을 때에는, 그럴 때를 위해 준비한 얇은 책을 잡아서 구색만 맞췄으니 수단과 목적이 거꾸로 됐던 부분도 있었던 것 같네요. 많은 책을 맛보고 내 안에 제대로 흡수해나가는 것이 목적이었을 텐데, 어느새 하루에 한 권을 읽는 것 자체가 목적이 되어 결국 충분히 흡수하는 일에 소홀해졌던 것이죠. 히라노 씨의 "속독가의 지식은 그저 지방일 뿐이다"라는 말 앞에 부끄러울 따름입니다.

지금도 전체 권수로 따지면 그 정도, 아니 아마 그보다 더 많이 읽고 있겠지만 하루에 한 권이라는 괜한 집착은 20대 후반 무렵에 버렸습니다. 좋은 책을 찬찬히 맛보고, 또 진정하게 자신의 것으로 만드는 일이 제일 중요합니다.

다만 대학생은 어디까지나 목표를 일주일에 한두 권, 가능하다면 하루에 한 권 정도의 양을 읽어나간다면 대학교 4년 동안 분명히 구글 맵이 될 수 있다고 말해줍니다. 물론 이 숫자가 중요한 것은 아니지요. 먼저 독서를 습관으로 만들었으면 하는 생각이 있기 때문입니다.

한동안 그 정도 양을 의식하면서 읽어나가면, 자신도 모르는 사이에 독서가 습관화되기 시작할 것입니다. 식사를 하지 않는다거나 숨을 쉬지 않는다는 것을 생각하기 어렵듯이, 독서를 하지 않는 생활을 조만간 생각하기 어렵게 되겠지요.

그렇게 되기만 하면 구글 맵까지 가는 것은 금방입니다. 다음 장에서 소개할 요약문 작성법 등도 참고하시면, '거미줄에 전류 흘리기'도 더욱 효과적으로 할 수 있게 되겠지요.

'신념 보강형 독서'와 '신념 검증형 독서'

이번 장에서는 마지막으로, '신념 보강형 독서'와 '신념 검증형 독서'에 대해 말씀드리고자 합니다.

이것은 제 스승인 다케다 세이지 선생님의 말씀인데, 저도 항상 명심하고 있습니다. '신념 보강형 독서'란 글자 그대로, 자신의 신념에 부합할 만한 책을 읽어나가는 일입니다. 부합하지 않는 점은 무시하고, 자신의 신념을 보강해줄 데이터나 사람의 의견만 섭취해나가는 자세입니다. 심리학에서는 '확증 편향'이라고 불리지요.

"우리나라 사람은 대단해!"라고 생각하고 싶은 사람은 그 신념에 부합하는 데이터나 의견에만 귀를 기울이고 마는, 그런 식입니다. 그 반대도 마찬가지로, "우리나라는 이렇게 글러먹은 나라야!"라고 주장하고 싶은 사람은 그 신념을 보강해줄 데이터나 의견밖에 보지 않게 될 위험성이 있고요.

이는 어지간히 조심하지 않는다면, 누구나 빠지고 마는 편향입니다. 특히 SNS가 발달한 오늘날에는 의견이 다른 사람들을 차단하고 비슷한 생각을 가진 사람들과만 연결됨으로써, 서로의 신념을 증폭시켜 나가는 일이 일어나기 십상입니다. 소위 '반향실(eco chamber) 현상'이지요. 충분히 자각을 갖고, 좀 지나치다 싶을 만큼 조심해둘 필요가 있지 않을까 싶습니다.

그에 비해 '신념 검증형 독서'는 글자 그대로 자신의 신념이나 사고가 정말로 옳은지, 타당성이 있는지 자기 스스로를 엄격하게 검증하면서 책을 읽는 태도입니다. 자신에게 부합하지 않는 데이터나 의견이 있어도, 일단은 받아들이고 그런 후 다시 한번 생각해보는 독서 태도입니다.

이는 상상 이상으로 어려운 일입니다. 저희 같은 학자조차, 아니 학자이기에 더욱 자신들의 신념을 고집하기 쉽다는 점도 여러 연구에서 나타나고 있습니다. 특히 정치적인 화제를 접하면 이성적인 판단을 하지 못하게 되는 경우도 많은 모양입니다.

심리학자인 스티븐 핑커(1954~)는 그러한 확증 편향을 피하기 위해서는 무엇보다 '세어보는 일', 즉 데이터를 보는 것이 중요하다고 말합니다(『지금 다시 계몽』 제21장). 하지만 그 데이터조차 우리는 자신에게 부합하는 것만을 보거나, 부합하도록 해석해버릴 수가 있는 것이지요.

한 가지 예를 들자면 일본인 어린이는 비교적 자기긍정감이 낮다고들 합니다. 자기에게 별로 자신이 없다거나, 자기에게 만족하지 못한다는 뜻입니다.

이는 다양한 국제 조사에서도 지적을 받는데, 예를 들어 2018년도 '일본과 여러 외국 젊은이의 의식에 관한 조사'(내각부)에서도 다음과 같은 보고가 있었습니다. "일본의 젊은이는 다른 외국 젊은이에 비해, 자기 자신에게 만족하거나 자기에게 장점이 있다고 느끼는 사람의 비율이 가장 낮으며 또한 자기에게 장점이 있다고 느끼는 사람의 비율은 2013년도 조사 때보다 하락했다." 이 사실은 교육 현장을 비롯해서 오래도록 일본 사회에서 문제시되고 있습니다.

그런데 이러한 데이터를 어떻게 읽을 것인지는 그 논자가 무엇을 주장하고 싶으냐에 따라 때로는 정반대가 되기도 하는 것입니다.

일본의 교육 문제를 강조하고 싶은 논자라면 이 데이터가 학교를 비판하기 위한 강력한 도구가 되겠지요. 그리고 실제로 그렇게 활용되어 왔습니다. 일본의 학교나 수험의 경쟁주의적 경향이나 엄격한 교칙 등을 비판하는 소재로 쓰여왔던 것이지요.

한편으로는 이를 긍정적인 데이터로 파악하는 사람도 있습니다. 일본인 어린이는 겸손해서 필요 이상으로 자신을 낮게 평가하는 경향이 있다, 그렇지만 바로 그렇기 때문에 자신이 얼마나 부족한지를 자각함으로써 오히려 공부하고자 하는 의식을 높이고 있다면서요. 국제적으로 봐도 높은 학력의 배경에는 그러한 이유도 있지 않겠느냐는 이야기지요.

다만 앨버트 반두라라는 심리학자의 유명한 연구에 따르면, 사람은 자기 효능감이 강할수록 이루고 싶은 일을 달성하게 되는 경향이 있다고 여겨지고 있습니다. 그런 의미에서는, 일본 어린이들은 자기 긍정(효능)감이 낮기 때문에 오히려 공부를 열심히 하려 한다는 해석이 어느 정도 타당성이 있는지는 얼른 이해가 가지 않긴 합니다.

어쨌든 지금까지 말한 대로, 같은 데이터를 봐도 사람에 따라서는 전혀 다른 해석을 내릴 수도 있는 법입니다.

욕망 · 관심 상관성의 원리

그렇다면 데이터를 얻을 때건, 그 결과를 해석할 때건 우리는 대체 어떤 태도를 취하면 좋을까요?

제 생각은 다음과 같습니다.

철학이 오랜 역사를 통해 밝혀온 사실인데요, 이 세상에 절대적으로 옳은 진리나 절대적으로 옳은 해석이라는 것은

'신념 검증형 독서'를 지향한다.

사실 없습니다. 그것은 늘 우리의 욕망(이러고 싶다, 이랬으면 좋겠다)이나 관심을 두르고 있는 것입니다.

욕망이나 관심이 다르면 같은 데이터나 사실도 달리 보이는 법이지요. 다케다 세이지 선생님은 이것을 '욕망·관심 상관성의 원리'라고 부릅니다.

제가 아는 카운슬러 선생님이, 어느 강연회에서 이런 재미있는 이야기를 하셨습니다.

"여러분은 해바라기를 보면 어떤 이미지를 갖게 되나요? 밝다거나 건강하다 같은 그런 이미지일까요? 하지만 만약 여러분이 해바라기를 이용해 특수한 학대를 당한 적이 있다고 한다면 어떨까요? 해바라기는 공포의 상징일지도 모르겠지요?"

객관적인 사실이나 그에 대한 해석 같은 것은, 사실 존재할 수 없습니다. 해바라기가 어떻게 보이는지도 저마다의 욕망이나 관심에 따라 다른 법이니까요.

그렇다면 우리는 "이것이야말로 객관적인 데이터다"라든가 "이것이 옳은 해석이다"라고 말할 것이 아니라, "저는 이러한 욕망이나 관심에서 이렇게 데이터를 얻었다"라거나 "이러한 욕망이나 관심에서 데이터를 이렇게 해석했다"는 식으로 말할 수밖에 없습니다. 그러한 표현이야말로, 우리가 자신의 해석을 주장할 때 취할 수 있는 가장 성실한 태도인 것입니다.

"나는 학교의 관리주의가 좋지 않다는 문제의식이 있다. 이 문제의식에서 보자면 어린이들의 자기 효능감이 낮다는 데이터는, 그야말로 학교의 관리주의에 문제가 있음을 여실하게 보여주는 것으로 여겨진다"거나, "나는 어린이들의 높은 국제적 학력에 대한 관심이 있다. 그 관심에서 보자면 어린이들의 자기 효능감이 낮다는 점은 오히려 학습 의욕의 향상으로 이어지는 것으로 여겨진다"라는 식으로 말이지요.

자신의 욕망이나 관심을 아예 분명하게 선언함으로써, 우리는 자신과는 다른 관점을 가진 사람과의 사이에 대화의 가능성을 열 수가 있게 됩니다. 이것은 어디까지나 자신의 이러한 욕망이나 관심에서 비롯된 관점이라는 것을 미리 밝히는 셈이니까요.

이러한 대화의 가능성은 다양한 해석이나 생각을 지닌

사람들끼리의 '공통 이해' 가능성도 열 것입니다. "아하, 당신 관심에서 보자면 그 해석은 확실히 타당하다고 할 만하네요"라든가 "또 다른 관심에서 보자면 이렇게 다른 해석도 성립하는군요" 하는 식으로, 서로를 이해시키기 위한 대화를 거듭할 수 있게 되는 것이죠. 그렇게 되면, 네 해석은 말도 안 된다거나, 네 해석이야말로 틀렸다고 하면서 끝나지 않는 논쟁으로 일관하는 일은 사라지겠지요. 좀 더 나아가 서로 이해할 수 있는, 보다 건설적인 해석을 함께 찾아나갈 수도 있을지 모릅니다.

그리고 이것은 책을 읽는 법에 대해서도 마찬가지입니다.

분명히 저자에게는 저자가 '하고 싶은 말'이 있습니다. 그러므로 거기에서 너무 벗어난 독해는 역시 '오독'이라고 할 수밖에 없겠지요.

하지만 그런 한편 그 책에 대해 절대적으로 옳은 해석이 반드시 존재하는 것도 아닙니다.

우리는 자신의 관심에 따라, 저자의 의도를 넘어선 곳에서 자신에게 도움이 되도록 책을 읽는 경우도 있으니까요. 물론 그것이 '신념 보강형 독서'가 되어서는 안 됩니다. 그래도 저자가 '하고 싶은 말' 이상의 것, 좀 더 말하자면 저자가 깨닫지 못했던 점마저, 우리가 읽어낼 수도 있는 것입니다. 그것은 그것대로 건설적인 독해일 수 있습니다.

예를 들어 저는 철학 2,500년 역사를 수놓는 기라성 같은 철학자들의 사상을, 현대 사회의 다양한 문제를 풀기 위해 응용하는 경우가 종종 있습니다. 예를 들면 세계적인 격차 문제를 극복하기 위한 힌트를, 200년이나 250년도 전의 루소나 헤겔의 철학에서 찾아내는 식으로요.

하지만 루소의 시대든 헤겔의 시대든, 경제가 지금만큼 지구적인 규모가 아니었으니 세계적인 격차 문제는 애초에 문제로서 존재조차 하지 않았습니다. 그럼에도 불구하고 그들의 철학에서 현대의 문제를 해명할 힘찬 사고를 찾아낼 수 있다면, 그것은 그야말로 저자 자신조차 깨닫지 못한 건설적인 독해라고 할 수 있겠지요.

루소나 헤겔을 전문적으로 연구하는 학자의 입장에서 보자면, 그것은 '잘못된 독해' '지나친 해석'으로 보일지도 모릅니다. 하지만 아까도 말했듯이, 독서에 절대적으로 옳은 해석이란 없습니다(분명한 오독이라는 것은 있지만요). 그것은 '욕망·관심 상관적'인 것입니다. 글로벌 자본주의의 문제를 극복하겠다는 '욕망·관심'에서 본다면, 우리는 루소나 헤겔의 사상에서 그 가능성을 분명히 찾아낼 수 있다고 저는 생각합니다만, 같은 '욕망·관심'을 공유할 수 있다면 분명히 많은 사람들도 이러한 해석에 납득할 수 있지 않나 싶습니다.

이번 챕터 정리

◆ 구글 맵이 되기 위한 기본은 '그물 낚시법에서 외줄 낚시법으로'.

◆ 독서 모임을 열어보자.

◆ 사서 선생님의 힘을 빌리자.

◆ 독서를 식사나 호흡과 같은 습관으로 만들자.

◆ '신념 보강형 독서'가 아니라 '신념 검증형 독서'를.

◆ '욕망·관심 상관적'으로, 보다 건설적인 독서도 가능하다.

요약문(독서 노트)
만드는 법

한 권 전체를 요약문으로 만든다

이번 장에서는 독서와 동시에 해두면 좋을, 효과적인 요약문(독서 노트) 만드는 법을 소개하려고 합니다.

책이라는 것은 읽어도 그 태반을 잊어버리는 법입니다. 이것은 아무리 해도 어쩔 수 없는 일이니 아쉬워해도 도리가 없지요. 오히려 중요한 것은 책의 내용을 글자 하나 구절 하나로 기억하는 것이 아니라, 어떤 책에 어떤 내용이 쓰여 있었는지 그 핵심을 포착해 머릿속의 네트워크에 축

적해두는 일입니다. 그렇게 하면 필요할 때 그 책을 꺼내서 내용을 확인할 수 있기 때문이지요.

　요약문 작성은 이를 위한 초보적이면서 가장 좋은 방법입니다. 노트에 남김으로써, 책의 핵심을 기억에 정착시킬 수 있는 것입니다. 책의 내용을 확인하고 싶을 때, 굳이 책을 찾지 않아도 그 요약문을 다시 읽어보면 그만일 경우도 있고요.

　제 독서 요약문은 여러 대의 HDD(하드 디스크 드라이브) 등에 보존되어 있습니다. 또 드롭박스 같은 몇 가지 온라인 스토리지 서비스를 이용해서 클라우드에도 올려놓아, 외출했을 때도 PC, 태블릿, 스마트폰 등으로 언제든지 읽을 수 있게 해놨습니다. 즉, 요약문은 독서로 축적한 '교양'의, 말하자면 외장 메모리인 셈이지요.

　수중에 수천 권 분량의 요약문이 있는데, 이것이 없으면 연구고 집필이고 할 수가 없을 정도로 제게는 글자 그대로 재산입니다. 데이터가 사라지는 일은 절대로 있어서는 안 되기에 세심하게 주의를 기울이고 있습니다.

　이제부터 소개하는 요약문 작성법도, 앞 장과 마찬가지

로 여러분이 마음껏 참고하되, 최종적으로는 자기 나름대로의 방식을 찾을 수 있기를 바랍니다. 저는 요약문 작성에 대해, 오랜 독서 생활 속에서 수많은 시행착오를 되풀이해왔습니다. 지금도 새로운 방법이 없나 모색 중인데, 우선은 어느 정도 자리 잡힌 방법을 여러분에게 전해드리고자 합니다.

기본은 한 권 전체를 요약문으로 만드는 것입니다.

인상에 남은 부분의 인용문을 노트나 카드에 옮겨 적는 것도 나쁘지는 않습니다. 하지만 그것은 결국 지식의 단편을 수집하는 것에 불과합니다. 책의 전모를 파악하기 위해서는 한 권 전체를 요약문으로 만드는 것이 으뜸입니다.

물론, 한 권 전체를 요약문으로 만들 만한 가치가 없는 책도 있습니다. 신경 쓰이는 정보를 발췌, 인용하거나 스마트폰에 메모해두면 그만일 경우도 있겠지요. 하지만 "전체를 요약문으로 만들 가치가 있다" 싶은 책에 대해서는, 부디 귀찮아하지 말고 작성하여 쌓아두시기 바랍니다.

제가 시행착오 끝에 도달한 것은, 인용문을 중심으로 하여 그 인용문에 표제를 달아두는 방법입니다. 책의 내용을 확인하고 싶을 때는 그 표제만 다시 읽어보면 이내 전체상을 알 수 있도록 유념하여 만들고 있습니다. 말하자면 책의 골격을 떠올릴 수 있도록 하는 것이지요. 이것을 의식하면, 제1장에서 말했듯이 책의 '구조'를 보다 잘 파악할 수 있게 되기도 합니다.

인용 부분의 페이지 번호는 반드시 기록합니다. 논문 등을 쓸 때, 인용 페이지 번호는 명기해야만 하기 때문입니다. 여러분은 아직 논문 등을 쓸 기회는 별로 없을지도 모르지만, 지금부터 습관을 들여두면 좋지 않을까 싶습니다. 확인하고 싶을 때에도 편리하고요.

인용 부분 중에서도 특히 중요하다고 생각하는 부분에는 하이라이트 표시를 합니다. 뭔가 메모를 남기고 싶을 때에는 인용문 뒤에 '→'를 써서 메모하고 밑줄을 긋는 등, 눈에 잘 띄도록 해놓았습니다.

독서 모임(연구회)에서는 동료들과 곧잘 각자의 요약문을 들고 모이는데, 작성법은 정말로 사람마다 다릅니다. 다만 얼마나 잘 만들어진 요약문이건, "남이 만든 요약문은 내가 제대로 활용할 수가 없다"라는 생각을 매번 합니다. 역시 직접 읽고 자기 나름의 방법으로 만들지 않으면 책의 내용은 내 것이 되지 않는구나 하고 느낍니다. 그러니 여러분도 여러 가지 요약문 작성법을 통해 시행착오를 겪으며, 자기 스타일을 찾아내기 바랍니다.

요약문은 책을 다 읽고 나서 만든다

저 같은 경우, 철학서라면 한 권에 평균 3만~5만 자 정도의 요약문이 나옵니다. 터무니없이 두꺼운 책일 경우, 10만 자 가까이 되는 경우도 있습니다. 그것만 해도 책 한 권 분량이 되니 말도 안 되는 양이긴 하지만 어쩔 수가 없습니다.

물론 일반적인 책이라면 몇 천 자로 끝나는 경우도 있습니다. 이것도 여러분의 관심에 맞춰, 간결한 요약문으로 할지 묵직한 요약문으로 할지 선택하면 되겠지요.

기본적으로는 요약문을 만들면서 책을 읽는 것이 아니라, 먼저 단숨에 다 읽습니다. 밑줄은 치면서 읽는 게 좋다고 보지만, 밑줄 치는 법도 시행착오를 거치며 꼭 맞는 방법을 찾아내면 좋겠지요.

저 같은 경우, 오렌지색 형광펜으로 인용하고 싶은 부분에 테두리를 치며 읽습니다. 여러 색을 시험해봤지만 어째서인지 오렌지색이 제일 와 닿더군요.

특히 중요한 부분에는 ★표를 여백에 써둡니다. 저자의 주장에 대해 "이건 좀 아니지 않나?" 하며 의문을 지녔을 때는 '?' 마크를 써둡니다. 하기야 일단은 허심탄회하게 저자의 주장을 이해하려고 노력하면서 읽지만요.

형광펜 색을 바꾸어 '특히 중요한 부분' '중요한 부분' '일단 체크해둘 부분' 등으로 종류를 나누는 것도 괜찮을지 모르지만, 저는 그렇게 하지 않습니다. 일단은 책의 리듬을 타보고 싶기 때문에, 펜의 색을 바꾸거나 종류를 구분하려는 생각으로 그 리듬을 흐트러뜨리고 싶지는 않아서입니다.

포스트잇은 별로 쓰지 않습니다. 대개의 경우, 책이 포스트잇투성이가 되고 말기 때문입니다. 형광펜으로 테두리를 치고 ★표도 그리고, 그러고 나서도 그 부분의 중요성을 강조하고 싶을 때에는 페이지 가장자리를 접습니다. 그 모양 때문에 영어로는 도그 이어(개의 귀)라고 합니다.

그렇게 해서 한 권을 다 읽고 난 뒤 요약문을 만들기 시작합니다. 아까도 말했듯이 책에 따라 무거운 요약문으로 할지, 간결한 요약문으로 할지, 혹은 따로 요약문을 만들지 않고 책 속에 간단한 메모만 남길지를 구분해서 만듭니다.

오랫동안 타이핑으로 요약문을 만들었지만 지금은 기본적으로 책을 스캔해서 PDF로 만들고 있습니다. 책을 읽을 때 형광펜을 사용하는 것은, 책을 스캔해도 그 선까지는 스캔이 되지 않기 때문이기도 합니다.

스캐너는 일반적인 가정용 복합기면 충분합니다. 스마트폰으로 촬영해서 앱으로 PDF를 만들 수도 있지만 저는 별로 쓰지 않습니다. 스캔한 PDF는 OCR* 처리를 함으로써 MS 워드 등에 붙여넣기가 되는 텍스트 데이터로 만들

---

* OCR : 광학 문자 판독기. 종이에 쓰인 문자에 빛을 비추어 그 반사 광선을 전기 신호로 바꾸어 컴퓨터에 입력함으로써 문자를 알아낼 수 있도록 하는 입력 장치.

제1장 연애에 대하여

나는 지금부터, 그 진솔한 발전이 온전히 미의 성격을 지닌 그 감정에 대해 보고할 것이다.

연애에는 네 종류가 있다.　←　*인용하고 싶은 부분 주위를 선으로 두른다.*

첫째, 정열 연애. 포르투갈 수녀의 사랑, 엘로이스의 아벨라르에 대한 사랑, 베젤의 대위의 사랑, 첸토의 헌병의 사랑.

둘째, 취미 연애. 1760년경, 파리에서 지배적이었던 사랑. 당시의 회상록이나 소설, 즉 크레뷔용, 로잔, 뒤크로, 마르몽텔, 샹폴, 데피네 부인 등에게서 찾아볼 수 있다.

중요한 곳에는 밑줄을 형광펜으로 칠한다.

이것은 그림자까지도 장밋빛이어야 하는 한 폭의 그림이다. 어떤 이유에서도 불쾌한 것이 들어가서는 안 된다. 그렇지 않으면 습관, 예의, 섬세함이 부족해진다. 출신이 좋은 사내는 연애의 다양한 상황에서 취해야 할 태도를 미리 체득하고 있다. 이러한 연애에서는 정열이나 의외로운 일은 전혀 없다. 참된 사랑보다도 섬세함이 있다. 늘 재기가 넘치기 때문이다. 이것은 카라치의 그림과도 비견될 만큼 아름답고 서늘한 세밀화이다. 그리고 정열 연애가 우리에게 온갖 이해를 초월하도록 만드는 데 반해, 취미 연애는 늘 그것과 타협할 수가 있다. 이 빈약한 연애로부터 허영심을 제외하면, 분명히 남는 것은 얼마 되지 않을 것이다. 일단 허영심을 빼앗기면 이것은

이미, 병석에서 일어나 간신히 걸을 수 있을 정도로 쇠약해진 자에
불과하다.

셋째, 육체적 연애.

사냥에 나섰다가 숲속으로 도망치는 싱그러운 농민의 딸을 발견하
는 일. 이런 종류의 쾌락에 바탕을 둔 연애를 모르는 이는 없을 것
이다. 아무리 메마르고 불행한 성격을 지닌 사내라도, 16세가 되면
여기서부터 시작한다.

넷째, 허영 연애.

!!)← 놀랍거나 재미있는
부분에 표시한다.

대개의 사내는, 특히 프랑스에서는 청년의 사치에서 빼놓을 수 없
는 것으로 아름다운 말이라도 소유하듯이, 인기 있는 유형의 여인
을 바라며 소유하고 있다. 다소나마 부추겨지거나 혹은 상처 입은
허영심은 열중을 발생시킨다. 여기에는 때때로 육체적 연애가 존재
하기는 하지만, 늘 그렇다고 볼 수는 없다. 어쩌면 육체적 관계조차
없는 경우도 있다. 부르주아에게, 공작부인은 30세 이상으로는 보
이지 않는 법, 이라고 숀 공작부인이 말했다. 공정한 네덜란드의 왕
루이의 궁정에 머무른 적이 있는 사람들은, 여전히 헤이그의 어느
미인을 유쾌하게 추억하지만, 그녀는 공작(뒤크)이라든가 왕족(프
랭)이라든가 그런 사내를 사랑스럽게 여기지 않을 수가 없었다. 하
지만 군주정체의 원리에 충실하게, 한 사람의 왕족이 궁정에 도착
하면 공작은 쫓아내 버렸다. 그녀는 외교단의 훈장 같은 것이었다.

★통찰!!)
↑
날카로운
관찰에
주목하고
싶은
부분에
쓴다.

여백에
자유롭게
감상을
쓴다.

도그 이어

(지은이)　　　(옮긴이)　　　(책 제목)　(출판사)(출간년도)

스탕달 지음, 오오카 쇼헤이 옮김, 『연애론』, 신초문고, 2005년

(권수)

1권

(장 번호와 장 제목)

제1장 연애에 대하여

● 연애의 네 종류 = 정열 연애, 취미 연애, 육체적 연애, 허영 연애 ← 스스로 요약한 내용

인용한 문장은 따옴표를 넣는다.

"연애에는 네 종류가 있다.

첫째, 정열 연애. (10)　　　[중략]
　　　　　　　　　　인용 부분의 페이지 번호

둘째, 취미 연애." (10)

"정열 연애가 우리에게 온갖 이해를 초월하도록 만드는 데 반해, 취미 연애는 늘 그것과 타협할 수가 있다. 이 빈약한 연애로부터 허영심을 제외하면, 분명히 (10) 남는 것은 얼마 되지 않을 것이다." (10-11)

페이지가 바뀌는 부분은 직전까지 페이지 번호를 해당 부분에 넣는다.

"셋째, 육체적 연애. (중략)
사냥에 나섰다가 숲속으로 도망치는 싱그러운 농민의 딸을 발견하는 일. 이런 종류의 쾌락에 바탕을 둔 연애를 모르는 이는 없을 것이다. 아무리 메마르고 불행한 성격을 지닌 사내라도, 16세가 되면 여기서부터 시작한다." (11)

→ !!
　　인용 이외에 남기고 싶은 메모

"넷째, 허영 연애. (11)
여기에는 때때로 육체적 연애가 존재하기는 하지만, 늘 그렇다고 볼 수는 없다. 어쩌면 육체적 관계조차 없는 경우도 있다." (11)

→ 통찰!

책 정보

중요한 부분은 강조

104~105쪽을 기반으로 한 요약문 작성

수 있으므로, 그렇게 해서 MS 워드로 요약문을 만들고 있습니다.

스캔을 반칙이라고 여기실지도 모르지만, 이렇게 하면 의외로 책 내용이 머리에 더 잘 들어옵니다. 타이핑으로 인용하면 종종 그저 기계적으로 키보드를 두들겨 문장을 옮기는 데 그치지만, 스캔하면 그것을 MS 워드에 붙여넣기 할 때 반드시 다시 읽고 확인하므로(OCR 기능은 인식 오류가 제법 되기에), 이 시점에서 적어도 형광펜으로 테두리를 친 부분에 대해서는 두 번 읽는 셈이 되기 때문입니다.

참고로 저는 '도마노 잇토쿠 온라인 세미나'라는 홈페이지를 운영하며, 그 회원 페이지에 많은 철학이나 교육학, 사회학, 경제학, 역사학, 인류학 등의 명저 해설을 게재하고 있습니다. 저작권 문제도 있어서 책에서 인용하는 일은 필요 최소한에 그치고 있지만, 만들었던 요약문을 바탕으로 해설을 쓰기 때문에 결과적으로는 요약문으로 만든 부분은 총 세 번 다시 읽게 됩니다. 이 정도로 다시 읽으면 제법 머릿속에 들어오더군요.

하지만 처음에 말했듯이 책을 읽을 때도 요약문을 만들

때도, 내용을 기억하려는 생각은 별로 하지 않으려고 합니다. 물론 '이것은 기억해두자'라고 의식할 때도 있지만, 계속 그런 의식을 가지면 피곤하기 때문에 오히려 잊어버려도 괜찮다는 마음가짐으로 읽습니다.

그러기 위해서 요약문을 작성하는 것입니다. 아까도 말했듯이 외부 메모리에 기억을 보존해두는 것이죠. 그래도 일단 요약문을 만들면 어떤 내용이 쓰여 있었는지 정도는 기억 밑바닥에 남으므로, 필요에 따라 외부 메모리에서 기억을 꺼낼 수가 있게 됩니다.

전자책이나 전자 종이를 활용한다

요즘 저는 전자책이 있다면 전자책으로 구입하는 경우가 대부분입니다. 솔직히 하이라이트 기능이나 메모 기능도 충실한 데다 PDF의 OCR 처리처럼 데이터로 만들 때 오류가 생기는 일도 거의 없으니, 요약문 작성에 가장 편리한 기기로 애용하고 있습니다.

다만 학술서는 전자책으로 나오지 않는 경우가 대부분

이라, 그럴 때는 소위 '자취'를 시도하여 디지털 페이퍼로 읽는 경우도 많습니다. '자취'란 책을 재단하여 스캔스냅* 등의 스캐너로 단숨에 PDF로 만드는 일을 말합니다.

아까도 말했다시피, 요약문 작성은 스캐너를 사용하면 키보드로 입력하는 것보다 빠르고 또 편해집니다. 머리에도 더 잘 들어오고요. 하지만 특히 철학서의 경우에는, 대부분의 페이지를 스캔하는 일도 있으므로 한 장 한 장 스캔하는 것은 보통 일이 아닙니다.

그럴 때에는 '자취'가 무척 편리합니다. 한 권을 통째로, 몇 분 안에 스캔할 수 있으며 OCR 처리도 동시에 진행되기 때문에, 몇 배로 편하게 요약문을 만들 수 있습니다(다만 PDF로 만든 책 파일을 사적 이용을 넘어서 누군가와 공유하는 것은 불법이니 조심하시기 바랍니다).

책을 재단하다니 말도 안 된다! 괘씸하다! 그렇게 생각하시는 분도 분명히 계시겠지요. 저도 책을 소중히 다루라

---

* 스캔스냅 : 일본 후지쯔사에서 개발한 이미지 스캐너. 일본에서만 100만 대 넘게 판매되었으며 자동 급지 방식으로 대량의 문서를 신속하게 디지털화할 수 있다.

는 부모님 말씀을 들으며 자랐기 때문에, 처음에는 거부감이 심했습니다.

제가 지금까지 낸 책 중에는 저명한 북디자이너 선생님이 표지 디자인을 맡아주신 것도 많습니다. 제1장에서도 말했다시피 한 권의 책에는 많은 사람의 마음이 담겨 있지요. 그래서 일상적으로 '자취'를 하고 있는 지금도, 도저히 재단할 수 없는 책이 많습니다.

그래도 지금은 예전만큼 거부감이 강하지는 않습니다. 익숙해져서도 그렇겠지만, 아까 소개했던 디지털 페이퍼를 만났다는 것도 큰 이유입니다. 얇고 가벼운 전자 종이인데, 눈도 편하고 PDF를 종이 같은 질감으로 읽을 수 있으며 또 딸려 있는 펜으로 메모를 남기거나 문장에 하이라이트를 적용할 수 있는 것이 특징입니다. 다 읽으면 이 하이라이트를 적용한 부분을 다시 MS 워드에 복붙하여 요약문을 만들고 있습니다. 요약문을 만들 필요까지는 없다고 판단한 책의 경우는, 하이라이트를 적용한 부분 위에 표제어 메모만 남기는 경우도 있습니다.

몇십 권씩 되는 PDF 파일이 들어가므로 장기 출장을 갈

때도 편리하지요. 종이로 읽는 것과 크게 다르지 않은 질감이므로 책을 재단해도 그리 죄책감을 느끼지 않게 되었습니다. 책을 통째로, 이렇게 디지털 페이퍼 안에 옮겨 담은 기분이 들기 때문입니다(그래도 역시 통째라고 하기는 어려울지도 모르지만요).

제가 쓰는 디지털 페이퍼는 유감스럽게도 2021년에 생산이 종료되고 말았습니다. 그래도 전자 종이 태블릿은 그외에도 몇 종류가 존재하며, 앞으로도 개량된 버전이 여러가지 나오지 않을까 기대하고 있습니다.

저 같은 학자는 그 많은 장서를 어떻게 처치하느냐의 문제로 늘 고민하게 됩니다. 대학 연구실에도, 집에도 책이다 안 들어가기 때문이지요. 하지만 디지털 페이퍼를 만나고 나서는 큰 망설임 없이 '자취'를 할 수 있게 되어서 서가도 제법 깔끔해졌습니다.

제본한 책이 아니라면 책으로 인정하지 않는다는 분도계실지 모르겠지만, 생각해보면 제본한 책 또한 역사를 따지면 그리 길지는 않습니다. 고대 이집트에서는 파피루스로 만들어진 두루마리였고, 종이가 만들어진 뒤에도 역시 두루마리가 주류였던 시대는 무척 길지요. 그렇게 생각하면 PDF로 만든 책을 태블릿으로 읽는 것도 반칙이라고 단언할 수는 없지 않을까 싶네요.

익숙해진다는 것은 무서운 일이라, 전자책이나 디지털 페이퍼로 읽는 데에 익숙해지면 종이 책을 읽는 것과 전혀 다른 느낌으로 읽을 수 있게 되지요. 그러고 보니 책이나 논문의 원고를 쓸 때, 예전에는 출력해서 종이로 다시 읽지 않으면 아무래도 와 닿지가 않았는데 어느새 그런 일도 없어졌습니다.

다만 소설만은, 지금도 종이 책이 압도적으로 더 좋습니다. "아아, 앞으로 이만큼만 더 읽으면 이야기가 끝나버리는구나" 하는 실감을 손의 촉감을 통해 느끼고 싶기 때문이지요. 신체 감각이 동반되면 동반될수록 책의 세계에 보다 더 몰입할 수 있는 게 아닌가 하는 기분이 듭니다.

디지털 페이퍼도 아마존 킨들 같은 전자책 단말기도 제법 비쌉니다. 그래서 중고생인 여러분이 손에 넣기에는 만만치 않을지도 모르지만, 혹시 여유가 된다면 시험해봐도 좋지 않을까 싶습니다. 물론 스마트폰을 통한 독서도 가능하겠지요. 다만 그럴 경우에는, 괜한 참견일지도 모르지만 장시간 응시하여 '스마트폰 눈병'에 걸리는 일이 없도록, 충분히 조심하시기 바랍니다.

이번 챕터 정리

◆ 한 권 전체를 요약문으로 만든다.

◆ 책의 골격이 보이도록 요약문을 만든다.

◆ 전자책이나 전자 종이 태블릿은 요약문을 작성할 때 무척 도움이 된다.

젊은이들이 책을 읽지 않는다는 말을 자주 듣지만, 저는 그 점을 아쉬워만 한다고 될 일이 아니라고 늘 생각했습니다. 그보다 어떻게 하면 젊은 여러분이 우리의 좋은 독서 친구가 되어줄지, 그것을 생각해야 한다고요.

중요하게 생각하는 점이 있습니다. 젊은이들을 결코 무시해서는 안 된다는 것. 보다 정확하게 말하면 그들(여러분)의 성장을, 그리고 성장 욕구를 신뢰해야 한다는 것.

젊은이들은 다들 이런저런, 젊은이다운 성장 욕구를 갖고 있습니다. 주위 눈치를 보느라 그것을 분명히 드러내기를 망설이는 경향이 종종 있다고 쳐도, 다들 역시 더욱 성장하고 싶어 합니다.

그렇다면 독서는 그 성장 욕구를 가장 든든하게 이루어 줄 수 있는 것 중 하나라는 사실을, 설득력 있게 제시하고 싶었습니다. 늘 이런 생각을 하면서 젊은 사람들을 접하고 있습니다.

이 책에서 저는 구글 맵이 되기 위한, 혹은 '거미줄에 전류 흘리기'를 할 수 있는 사람이 되기 위한 독서법을 누누이 전달해왔습니다. 여러분의 성장 욕구에 조금이라도 불이 붙는다면 기쁘겠습니다.

책을 읽는 방법에 대한 책은 아주 예전부터 언젠가 써보고 싶었습니다. 희망이 이루어져서 무척 기쁘게, 또한 고맙게 생각합니다.

본문에도 썼다시피 책 한 권에는 저자뿐 아니라 편집자분의 마음 또한 듬뿍 담겨 있습니다. 전작과 마찬가지로 이 책 또한 분명 우리에게 소중한 작품이 될 것이 틀림없습니다.

청소년을 위한 Q
미래를 위한 독서법

1판 1쇄 2024년 1월 15일

지 은 이 도마노 잇토쿠
옮 긴 이 하성호

발 행 인 주정관
발 행 처 북스토리㈜
주　　소 서울특별시 마포구 양화로 7길 6-16
　　　　　서교제일빌딩 201호
대표전화 02-332-5281
팩시밀리 02-332-5283
출판등록 1999년 8월 18일(제22-1610호)
홈페이지 www.ebookstory.co.kr
이 메 일 bookstory@naver.com

ISBN 979-11-5564-328-0 44370
　　　 979-11-5564-327-3 (세트)